감06 바닥재
GARM ISSUE 06 FLOORING

초판 1쇄 인쇄 2018년 2월 12일
초판 4쇄 발행 2025년 4월 25일

발행인	윤재선
편집장	심영규
에디터	정경화, 정신오
객원에디터	김종오
디자인	이경민
사진	이수연
국문감수	하명란
발행처	에잇애플㈜
출판등록	2017. 4. 14.(제2017-000078호)
주소	06580 서울특별시 서초구 서래로 6 B1
전화	02-537-1536
전자우편	info@8apple.kr
홈페이지	garm.8apple.kr
SNS	garm_magazine
	garmssi
ISBN	ISBN 979-11-961156-8-5
	ISBN 979-11-961156-5-4(세트)

• 파본이나 잘못된 책은 구입처에서 바꾸어 드립니다.
• 이 책은 저작권법에 따라 보호받는 저작물이므로 무단전재와 무단복제를 금지하며, 이 책 내용의
  일부 또는 전부를 이용하려면 반드시 사전에 저작권자와 출판권자의 서면 동의를 받아야 합니다.
• 책값은 뒷표지에 있습니다.

Printed in Seoul, South Korea
All rights reserved. No part of this publication may be reproduced, stored in a retrieval
system, or transmitted in any form or by any means, electronic, mechanical, photocopying,
recording, or otherwise, without prior consent of the publisher.

감씨는 에잇애플에서 발행하는
건축재료 단행본 시리즈의
브랜드입니다.

GARM ^{Magazine}
감 매거진

여섯 번째 재료: 바닥재

garmSSI

Prologue

공간의 진정성과 재료의 재발견

현대건축은 인류가 오랜 시간 생존을 위해 자연을 극복하며 만들어 낸 '지식의 산물'이다. 작은 텐트 하나에도 자연에서 터득한 지혜와 그 한계를 극복하기 위한 지식이 층층이 쌓여 있다. SNS를 통해 유행처럼 공유되는 건축물의 소비 형태는 이러한 지혜와 지식을 정확히 전달하지 못한다. 건축의 중요한 정보는 대부분 보이지 않는 곳에 가려져 있기 때문이다.

급변하는 사회에서 건축의 역할은 빠르게 변한다. 100년을 내다보던 건축은 30년도 안 되어 철거되고 다시 지어진다. 구조적 노후 때문이 아니라 경제적 가치를 비롯한 사회적 수명이 다해서다. 고즈넉했던 동네 골목의 풍경이 매일 시끄러운 공사로 바뀌고 수익을 위한 임대 공간이 되어 내외부는 수없이 용도와 분위기를 끊임없이 바꾼다. 이렇게 사람들은 철거와 시공을 반복하며 건축을 소비한다.

이런 짧은 주기의 건축 환경에도 사람은 영원한 건축, 즉 '기억의 장소'를 꿈꾼다. 이곳은 우리의 기억 속에서 언제나 한결같은 모습으로 만날 수 있는 곳이다. 어떻게 하면 지속성을 추구하는 인간의 본능에 충실하면서 시간의 변화를 극복하는 공간을 만들 수 있을까?

그 질문의 대답은 '진정성'에서 찾을 수 있다. 그것은 물질이 아닌 태도, 바로 '시대정신'에 있다. 본질을 유지하면서 시대에 유연하게 적응해 나가는 시대정신은 공간 속에도 존재해 왔다. 인류는 자연의 한계를 극복하면서 본연의 욕망을 실현하기 위해 다양한 건축기술을 발전시켜 왔다. 새로운 재료의 발견은 한 시대의 문명을 만들고 지배했다. 다양한 건축공학 기술은 재료를 기반으로 발전했고, 소재 개발과 건축 재료화라는 반복된 과정을 거치며 건축은 진화를 거듭한다.

실제로 시대마다 가치 있게 기능하는 훌륭한 건물 대부분은 건축재료를 공학적으로 잘 풀어낸 결과다. 재료 안에 쌓인 기술과 지혜는 공간의 본질을 만드는 밑거름이 되어왔고, 그 재료는 물질인 동시에 쓰임에 대한 정신, 즉 구축하고자 하는 의지인 것이다.

재료는 쓰임마다 목적이 있다. 공간의 구축 의도와 재료가 부합할 때 건축의 수명은 늘어나고 사회적 비용은 줄어든다. 반대로 공간의 의도와 재료가 조화를 이루지 못하면 건축은 기능을 상실하고 파손돼, 사회적 손실을 낳는다. 공간적 특성과 맞는 재료의 선택은 기능을 보강하면서 동시에 심미적 충족감을 선사한다. 그 선택이 적절하지 않다면 공간에 대한 거부감이 증폭된다. 공간과 목적에 충실한 재료를 탐색하고 적용하는 실현화 계획은 단순한 재료의 선택에 머무는 것이 아니라 재료의 쓰임에 대한 정신을 찾고 공간의 진정성을 만드는 과정이다.

재료의 올바른 선택은 설계 의도를 풍부하게 확장하고 그 가치를 극대화한다. 타성에 젖어 선택하는 재료가 아니라 그 속의 진정한 면모를 확인하여 당신의 공간에 재료의 생명력을 입혀야 한다.

기술의 발달을 흡수하며 탄생한 재료의 기능과 쓰임을 파악하자. 색상과 무늬같은 표면적 표현을 넘어서 당신이 누릴 공간에 다채로운 기능, 추억, 행복, 포근함 같은 시간과 감동이 쌓이게 하자. 살아가며 오랜 시간을 축적할 공간에 재료의 진정성을 입히자. 나는 이 책 속에 그 시작이 있다고 믿는다. 건축을 넘어 그 안에 감추어진 우리 자신을 발견하기 위한 이 탐구는 아마 길고 힘든 여정이 될 것이다. 그리고 당신과 함께 완주할 그 여정 이후에 탄생할 진정한 공간을 이 책과 함께 기대해 본다.

2018년 2월
발행인 윤재선

Editorial Letter

기본을 찾아가는 여정

언제부턴가 허리를 숙이고 바닥만 바라본다. 카페나 레스토랑, 호텔에서도 두 발로 딛고 선 바닥면을 유심히 살펴본다. 그러자 그동안 무심히 지나쳤던 공간에서 다양한 풍경을 만난다. 오래돼 색과 무늬가 바래졌지만 헤링본 패턴으로 꼼꼼하게 시공한 마루, 매끈한 콘크리트 면에 다양한 종석으로 아기자기하게 장식한 테라조 바닥, 마치 목재처럼 보이지만 만져보면 비닐로 된 PVC 바닥까지. 또 지금 앉아 있는 사무실 바닥도 낡아 다시 에폭시로 칠했지만 마치 PVC 같기도, 목재 같기도 한 비닐타일이다. 이내 스멀스멀 호기심이 생겼다. 서로 다른 재료가 만나는 부분은 어떤가? 습기에 약한 목재와 습식 공사를 해야 하는 콘크리트 바닥은 어떻게 만날까? 질문은 이어지고 굽혀진 목이 아플 지경이다. 그러나 하나하나 재료를 찾아보고 전문가들을 만나 보니 비로소 보이지 않던 것들이 보이기 시작했다.

다양한 재료들

기존의 감(GARM) 시리즈는 목재, 벽돌, 콘크리트, 페인트, 타일 등 단일 소재를 중심으로 건축과 재료를 다뤘다. 반면 이 책은 바닥에 대해 전체적이고 일반적인 접근을 했다. 그러다 보니 하나의 소재를 깊이 있게 연구하기보다 다양한 이야기에 폭넓게 다가갔다.

바닥은 우리 몸이 항상 닿는 가장 중요한 면이자, 닳거나 마모되기 때문에 늘 깨끗하게 유지해야 하는 중요한 부분이다. 하지만 현실은 마지막에 진행되는 실내 공사의 한 부분 정도로 여겨지며 중요하지 않게 치부되어 왔다.

목재 바닥재도 강마루, 강화마루, 원목마루에 따라 특성이 다르고, 콘크리트도 다양한 방법으로 갈아내거나 미장하거나 혹은 각기 다른 도장 방법이 있다. 가장 흔하게 볼 수 있는 다양한 종류의 비닐 바닥과, 형형색색 여러 크기의 타일 바닥까지. 바닥을 구성하는 다양한 재료가 있고 재료별로 시공이 다르다.

바닥은 인테리어와 건축에서 일종의 '캔버스' 역할을 한다. 그림은 캔버스의 색과 질감에 따라서 완전히 달라진다. 즉 바닥은 벽과 천장, 기초에서부터 마감에까지 깊이 연관돼 있다. 공간의 기본이자 기초가 된다.

눈에 보이지 않던 것들

우리는 평소 바닥에 무심하지만 그곳에는 의외로 다양한 디테일이 숨어 있다. 가족들이 안락하게 쉬어야 하는 가정집과 노유자 시설, 사람들에게 상품이 매력적으로 보이도록 도와주는 상업 공간의 바닥에서부터 비일상성을 표현하는 호텔이나 숙박업소의 바닥, 그리고 공장이나 주차장과 같이 특수한 바닥까지. 모두 각기 다른 특징을 그리고 있다. 특히 물이 자주 닿는 수영장이나 주방, 화장실은 별도의 방수층이 숨어 있다. 물이 떨어지는 위치와 물을 흘려보내는 구배까지 겉으로 보이지 않는 수많은 것들이 있다.

바닥재가 여러 가지인 만큼 다양한 재료와 시공, 유지보수에 대한 모든 것을 다루지 못했다. 그러나 일단 바닥에 눈길을 주기 시작하면 눈에 안 보이던 바탕이 보이고 그 이면에 숨은 다양한 디테일을 상상하게 된다. 한동안 골몰하다 보면 겉으로 드러나는 색과 질감보다 그 이면의 다양함이 더 들어올 것이다. 그리고 공간감이 더 풍성해질 것이다.

"자세히 보아야 예쁘다"고 했던가. 건축재료를 탐구하는 과정이 쉽지만은 않다. 하지만 재료를 연구하고 살펴보고 되새김질하는 근본적인 이유에 대해 다시 생각하며 이 어려운 여정에 다시 주먹을 불끈 쥐며 힘을 내본다.

편집장 심영규

바닥재 미리보기

이 책에서 다룰 바닥재로 만들어진 공간을 미리 만나보는 시간이다. 단순히 아름다움을 더하는 기능 외에 분위기를 만들고 공간을 주도하는 숨은 주연, 바닥재의 모습을 살펴보자.

질감을 살린 참나무Oak 계열의 목재로
마감한 바닥은 따뜻하고 자연스러운
분위기를 낸다. SKM Architects가 디자인한
아난티 코브 힐튼 부산 1층 (p.92 참고).

푸른색 계열의 모자이크타일로 마감한 아난티 코브 힐튼 부산의 야외 수영장. 시간대에 따라 달라지는 빛을 반사하며 바다처럼 시시각각 색이 변한다. 설계는 SKM Architects(p.92 참고).

모팩스튜디오 사옥 1층은 밝은 톤의 석재로 벽과
바닥을 마감하고, 천장에는 이헌정 작가의 작업인
작은 돌멩이 모양의 도자기에 파란색을 입혀
매달았다. 설계는 스튜디오베이스(p.86 참고).

밝은 톤으로 깔끔하게 마감한 아난티 코브 힐튼 부산의 콘크리트 바닥. 설계는 SKM Architects(p.92 참고).

네이버 이매어린이집 맨 아래층의 바닥은 바깥의 잔디와 조화를 이루도록 녹색 계열의 비닐 바닥재로 시공했다. 설계는 디림건축사사무소(p.64 참고).

바닥재의 종류와 코드
목재 바닥재 Fwo
- 원목마루 Fwo01
- 합판마루 Fwo02
- 강화마루 Fwo03
- 강마루 Fwo04

석재 바닥재 Fst
- 대리석 Fst01
- 사암 Fst02
- 석회암 Fst03
- 점판암 Fst04
- 트래버틴 Fst05
- 화강암 Fst06

타일 바닥재 Fti (괄호 내 코드는 『GARM 05 타일』 코드)
- 세라믹 타일 Fti01 (Tce)
- 모자이크타일 Fti02 (Tce00-■)
- 엔커스틱타일 Fti03 (Tcm02)
- 테라조 타일 Fti04

비닐 바닥재 Fvn
- 시트 Fvn01
- 비닐타일 Fvn02 (Tvn01)
- 럭셔리비닐타일 Fvn03 (Tvn02)

콘크리트 바닥재 Fco
- 콘크리트 갈기(연마) Fco01
- 콘크리트 도장 Fco02

금속 바닥재 Fme
유리 바닥재 Fgl
도료 Fpa
카펫 Fca
고무 바닥재 Frb

GARM ISSUE 06 FLOORING
Contents

Intro
Prologue 공간의 진정성과 재료의 재발견
Editorial Letter 기본을 찾아가는 여정

1. Story of Flooring
1.1 Discovery of Flooring 다시 보는 바닥재 — 18
1.2 Types of Flooring 재료별로 분류하는 바닥재 — 22
1.3 Requirements of Flooring 바닥재가 갖추어야 할 조건 — 34
1.4 Reportage 국내 목재 바닥재 시장을 묻다 이건산업㈜ 정인재 이사 — 36
1.5 Opinion 소비자의 취향을 캔버스에 펼치다 LG하우시스 디자인센터 김형철 디자이너 — 42

2. Space and Flooring
2.1 Flooring in the Right Place 적재적소의 바닥재 — 48
2.2 Case of Flooring 가족과 함께 편히 쉬는 공간 — 50
2.3 Interview 가족의 생활을 세밀하게 이해하기 유타건축사사무소 김창균 공동대표 — 56
2.4 Case of Flooring 어린이나 노인을 위한 안전한 공간 — 62
2.5 Interview 안전하게 뛰어놀 수 있는 바탕 만들기 디림건축사사무소 임영환 공동대표 — 64
2.6 Case of Flooring 통행량이 많고 다양한 사람이 찾는 공간 — 72
2.7 Interview 제한된 조건에서 최선의 결과를 만들다 SML 건축사사무소 임승모 대표 — 76
2.8 Case of Flooring 집중력과 능률을 높여주는 공간 — 80
2.9 Interview 독창성이 아니라 독립성을 추구하다 스튜디오베이스 전범진 공동대표 — 86
2.10 Special Feature 하나의 DNA를 가진 개성 있는 개별 공간: 아난티 코브 SKM Architects 민성진 대표 — 92

3. Application of Flooring
3.1 Guide of Installation 바닥재 시공 관리하기 — 106
3.2 Installation of Flooring 바닥재 시공의 처음과 끝 — 110
3.3 Maintenance of Flooring 바닥재의 유지관리 — 120
3.4 Interview 익숙하면서도 새로운 바닥재의 시도 녹수 오현정 디자이너 — 124
3.5 Interview 콘크리트의 다음 가능성을 발견하다 미콘 조수민 디자이너 — 128

4. Supplement
4.1 보고 만지고 느끼는 바닥재 — 134
4.2 다양한 소재의 바닥재 업체 정보 — 144

1　Story of Flooring

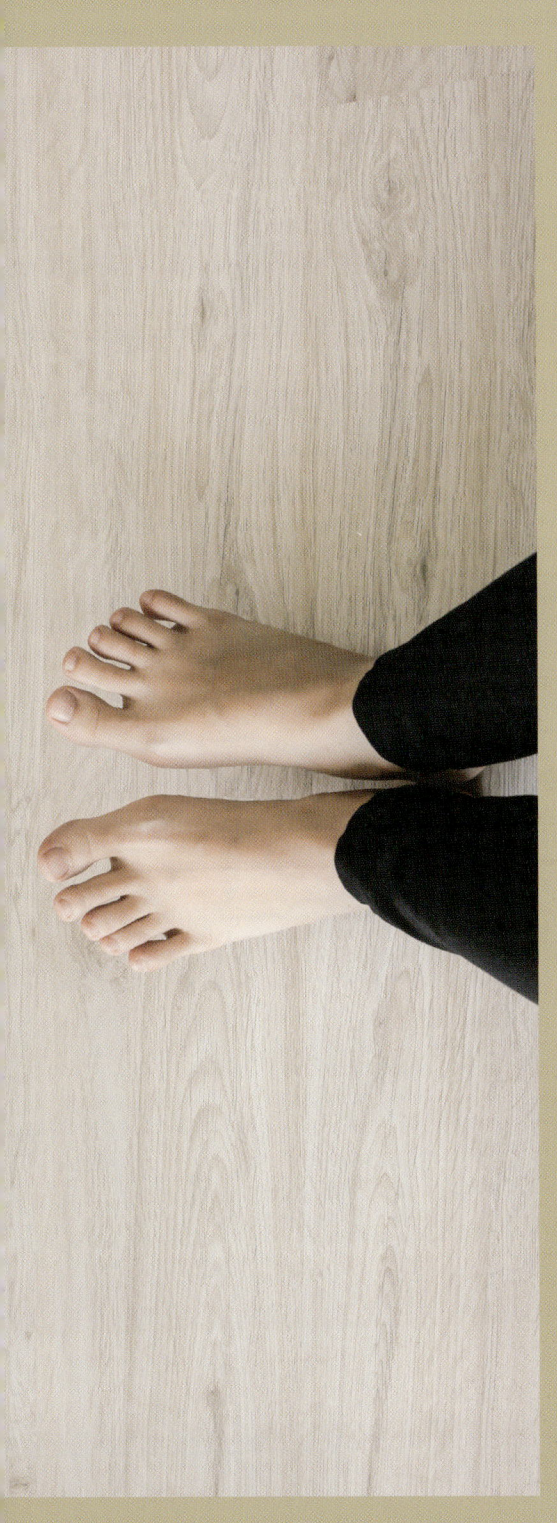

Discovery of Flooring

다시 보는 바닥재

글 김종오

바닥재는 건물 내외부 바닥에 까는 건축재료를 총칭하는 개념이다. 크게 비닐이나 타일 같은 **인공재**, 목재와 석재 같은 **자연재**로 나뉜다. 세부적으로 분류하면 십수 가지이고 실외에 쓰이는 재료까지 더하면 그 종류가 부지기수로 늘어난다. 바닥에 쓰인다는 점 외에 일관된 소재나 형태가 없다. 어느 한 재료를 콕 집어 바닥재라고 말하기 어려운 이유다.

새로운 바닥재를 맞이하다

'문지방을 넘다' 또는 '문턱을 넘다'는 새로운 국면이 열리거나 이전에 없던 상황을 맞는다는 의미를 지녔다. 거실에서 방으로, 방에서 거실로, 집 안에서 집 밖으로, 집 밖에서 집 안으로 장소를 옮길 때는 누구든 **문지방** 또는 **문턱**을 넘어야 한다. 최근엔 아파트가 확산되고 생활이 서구화되면서 자연스럽게 사라지는 추세지만, 문지방은 물리적·심리적으로 장소와 장소를 구분하는 경계였다. 이 경계를 넘으면 새로운 장소가 시작된다. 여기는 욕실, 저기는 안방. 문지방을 사이에 두고 각 방의 용도와 목적 그리고 사용자가 달라진다. 문지방을 넘어 처음으로 밟게 되는 바닥이 서로 다름은 물론이다.

욕실의 바닥재는 대개 **타일**Ft이다. 방에 쓰이는 바닥재의 소재는 **비닐**Fvn과 **목재**Fwo가 주를 이룬다. 물에 자주 노출되는 욕실에 타일이 쓰이는 것은 상식적이다. 그렇다면 방에 비닐과 목재가 주로 쓰이는 이유는 무엇일까. 비닐 바닥재는 시공이 간단하고 제품 가격이 저렴하다는 장점이 있다. 목재 바닥재는 나무 고유의 문양이 주는 아름다움과 따스한 질감이 있다. 하지만 타일 바닥재가 저렴하고, 시공이 간단하다고 해도 방의 바닥재로 화장실에 사용하는 타일을 선택하는 사람은 몇 없을 것이다. 방과 타일의 동거, 어딘지 어색하다.

공간에 맞춰 바닥재가 정해진다기보다 바닥재에 따라 공간이 변화하고 우리의

방과 거실에는 디자인이 다양하면서도 유지관리가 쉬운 비닐 바닥재를 주로 사용한다.

물에 자주 노출되는 욕실의 바닥재는 대개 타일이다.

집 안의 장소가 목적과 용도에 따라 나뉘면서 주거 공간의 바닥재도 다채로워졌다.

사용자의 개성과 취향에 따라 부엌에 타일이 쓰이는가 하면 욕실에 목재가 쓰이기도 한다.

기분이 달라지는 것은 아닐까? 같은 로비라고 해도 원목마루Fwo01로 마감한 호텔과 대리석Fst01으로 마감한 호텔이 주는 느낌은 천양지차다. 최근에는 이런 추세에 따라 바닥재가 바뀌고 있다. 과거 '방과 거실에는 장판Fvn01, 욕실에는 타일'이 마치 공식처럼 쓰였던 반면 지금은 그렇지 않다. 비닐 소재이지만 목재의 문양과 질감을 한껏 살린 제품이 등장하고 타일 역시 크기와 문양에서 다채로워졌다. 또한 벽돌이 실내 바닥재로 쓰이거나 에폭시로 주거 공간의 바닥을 마감하는 등 새로운 소재를 예상치 못했던 장소에 쓰이기도 한다.

그러나 최소한의 원칙과 요건은 있다. 각각의 소재가 가진 고유한 물성에 대한 고려가 필요하다. 딱딱한 콘크리트 바탕에 에폭시로 마감한 바닥을 원한다고 해도 어린아이나 노인이 함께 사는 주택 안방의 바닥재로는 적합하지 않다. 공간의 목적, 사용자의 특성에 따라 바닥재를 선택해야 한다.

국내의 전통적인 주택에 사용되던 종이 장판.

아파트라는 주거 형태가 보편화된 이후에도 가정집의 바닥에는 종이 장판 느낌의 노란 비닐 장판이 꾸준히 쓰였다.

공간의 분할과 바닥재의 다양화

한국의 주거 형태가 변하고 발달함에 따라 바닥재의 형태와 소재 또한 다양해졌다. 아파트라는 주거 형태가 보편화되기 이전은 물론 그 이후에도 한동안 가정집의 바닥재는 노란 비닐 장판이었다. 전통적인 주택의 종이 장판 느낌이 나면서도 저렴해 쓰지 않을 이유가 없었다. 집의 크기가 크지 않고 화장실과 부엌이 주생활 공간과 떨어져 있는 경우가 많은 데다가 자녀의 방, 부부의 방, 거실 등으로 공간의 분화가 일어나지 않았기에 바닥재에 대한 별다른 고민이 없기도 했다.

하지만 생활수준이 향상되면서 집의 크기가 커지고 장소가 분할되었다. 이에 따라 집 안의 장소는 목적과 용도에 따라 나뉘게 되었다. 장소의 쓰임과 개성에 따라 바닥재의 종류 또한 다채로워지기 시작했다. 에폭시, 코르크, 카펫Fca 등의 소재는 과거에는 좀처럼 보기 어려운 바닥재였으나 지금은 곳곳에서 사용된다. 또한 바닥재의 경계가 흐려지며, 사용자의 개성과 취향에 따라 부엌에 타일이 쓰이는가 하면 욕실에 목재가 쓰이기도 한다.

그럼에도 기본적으로 변하지 않는 점이 있다면 온돌문화에 따라 바닥난방을 사용하고 있다는 것이다. 바닥난방 방식에서는 바닥재의 열효율성을 중요하게 고려해야 한다. 두껍고 폭신한 바닥재는 밟았을 때의 느낌이 좋고 넘어졌을 때 충격이 적지만 열효율성이 떨어져 모든 장소에 적용하기 쉽지 않다. 한국의 바닥재 종류가 상대적으로 다양하지 않았던 이유가 이 때문이다. 소재나 시공 방법을 개발할 때 열효율성이라는 요소가 큰 장벽으로 다가오니 말이다. 반면, 주로 입식 생활을 하며 바닥난방을 사용하지 않는 서양은 바닥재를 선택할 때 열효율성을 고려할 필요가 없어 소재의 제약 없이 다양하게 이용할 수 있었다. 현재 한국에서 새로이 등장하는 바닥재는 대개 서구 문화권에서 사용되던 것들이다.

Types of Flooring

재료별로 분류하는 바닥재 글 김종오

바닥재는 **석재**와 **타일**처럼 소재는 다르지만 비슷한 특성을 공유하기도 하고, **목재**처럼 하나의 소재이지만 그 안에서 다시 다양한 종류로 나뉘고 제각기 다른 특성을 지니기도 한다. 실내에 주로 사용되는 바닥재를 소재 중심으로 분류하여 하나하나 좀 더 자세히 들여다보자. 자신의 취향과 공간의 용도에 꼭 맞는 바닥재를 선택하기 위한 첫걸음이다.

Type 1

따뜻하고 아늑한 분위기
목재 바닥재 Fwo

목재는 고유의 아름다운 무늬와 편안한 느낌으로 가장 많이 쓰이는 바닥재다. 고급주택이나 상업시설 등 영역을 가리지 않고 공간의 분위기를 살려준다. 목재는 카펫보다 시원하고 경쾌하며, 타일이나 석재보다 따뜻한 느낌을 준다. 또한 탄성을 가지고 있어 보행감이 우수하다. 수종에 따라 색상, 강도, 질감, 무늬가 다양해 상황과 장소에 따라 어울리는 것을 선택할 수 있다.

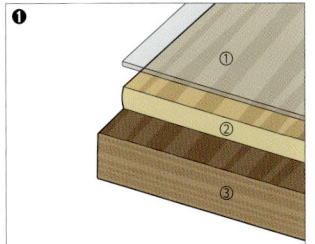

① 표면강화코팅 ② 원목 ③ 고급합판

❶ 원목마루 Fwo01

나무 합판 위에 2~3mm 정도 두께의 원목을 붙인 목재 바닥재다. 목재 고유의 무늬가 살아 있어 고급스럽다. 표면이 긁히거나 손상되었을 때는 표면을 살짝 갈아내는 방식으로 새것처럼 복구가 가능하다. 목재 바닥재 중 가장 고가이며, 표면이 외부 충격에 약하고 열전도성이 비교적 낮다는 단점이 있다. 외부 환경에 따라 수축과 팽창이 일어나 뒤틀리거나 들뜨는 문제가 생길 수 있다.

❷ 합판마루 Fwo02

여러 겹 이어 붙인 합판 위에 0.5~0.6mm의 두께로 얇게 켜낸 무늬목을 붙인 다음 도장해 만든다. 겉보기에는 원목마루와 큰 차이가 없다. 표면 역시 원목마루처럼 강하지 못해 긁힘이 자주 생겨 관리가 어렵다. 하지만 온도나 습도 등 외부 환경에 따른 변화가 적어 바닥난방에 적합하다. 열전도율이 높아 '온돌마루'라고 불리기도 한다. 자외선에 의한 변색, 퇴색이 문제였으나 최근 특수 코팅제가 개발되면서 개선되는 추세다.

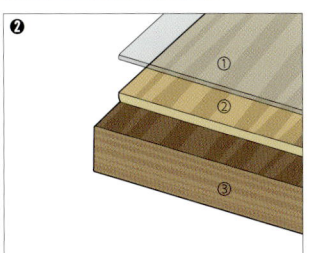

① 표면강화코팅 ② 천연무늬목 ③ 고급합판

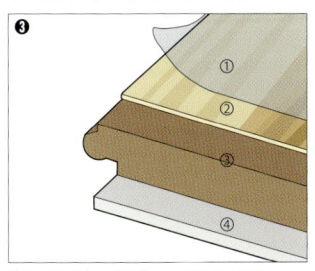

① 오버레이지 ② 장식층 ③ 고밀도섬유판 ④ 후면지

❸ 강화마루 Fwo03

목재를 미세하게 분쇄하여 접착제와 혼합, 압축해 만든 고밀도섬유판 High Density Fiberboard에 목재 무늬 필름을 입힌 목재 바닥재다. 원목마루와 합판마루에 비해 목재 본연의 질감은 떨어지지만, 흠집이 덜 생기는 장점이 있다. 또한 접착 시공이 아닌 끼워 맞추는 클릭 시공으로 설치하므로 작업이 비교적 간단하며 친환경적이다. 필름을 입히므로 디자인과 색상이 다양해 선택의 폭도 넓다.

❹ 강마루 Fwo04

합판 위에 수지를 압착하여 만든 고강도수지 High Pressure Melamine를 올리고 그 위에 목재 무늬 필름을 입혀 만든다. 합판마루와 강화마루의 장점을 합쳐 만든 강하고 실용적인 마루다. 천연 목재보다 자연스러움은 떨어지지만 다양한 무늬와 색감을 만들 수 있다. 열전도율이 뛰어나며 열에 의한 뒤틀림이나 변형이 덜하다. 소음이 적고 유지관리가 쉬운 것도 장점이다.

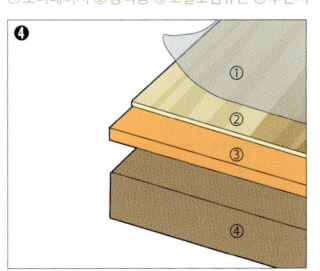

① 오버레이지 ② 장식층 ③ 고강도수지 ④ 내수합판

Type 2

자연 본연의 아름다움
석재 바닥재 Fst

석재는 강도가 높고 내구성이 뛰어나면서도 고급스러운 분위기를 낸다. 성당과 수도원 같은 종교시설, 궁전과 성 등에 주로 사용되었고 최근에는 호텔과 고층빌딩의 로비, 주택의 현관에 쓰인다. 석재의 장점은 무엇보다 자연 본연의 아름다움을 지니고 있다는 점이다. 돌은 종류에 따라 색상, 무늬가 다양하다. 또한 여러 가공 방법으로 광택과 질감을 조절하는 것도 가능해 선택지가 매우 넓은 바닥재다.

❶ 대리석 Fst01

대리석marble은 아름다운 광택과 다채로운 무늬로 석재의 고급스러운 매력을 대표하는 재료다. 색상과 종류도 다양하다. 하지만 시공 비용이 비싸고, 내화성과 내구성이 약해 유지보수에 세심한 관리가 필요하다. 건물의 외장재보다는 내부를 장식하는 마감재로 주로 이용된다.

❷ 사암 Fst02

모래 입자가 쌓여 만들어진 사암sandstone은 대리석과 비슷한 무늬와 색상을 지니며 석회암보다는 거친 느낌을 지닌다. 무게가 가벼워 시공이 쉬운 편이지만 물기에 약하고 얼룩이 잘 생긴다. 강도도 약해 코너와 모서리 부분은 가공할 때 주의해야 한다.

❸ 석회암 Fst03

석회암limestone은 화강암보다 무른 편이어서 가공이 쉽다. 내구성이 있으면서도 질감이 부드러워 고대부터 건축이나 조각에 많이 사용해 왔다. 대부분 흰색으로 밝은 편이지만 얼룩진 파랑색, 초록색, 갈색, 검정색과 같이 어두운색까지 색상이 다양한 것도 장점이다.

❹ 점판암 Fst04

점판암slate은 진흙이 침전되어 응결된 암석이다. 자연적으로 얼룩이 있으며 불에 강한 것이 특징이다. 표면이 미끄럽지 않아 바닥재로 적합하다. 넓은 공간은 석판, 주방과 욕실은 타일 형태로 쓴다. 국내에서는 전통찻집, 한식당, 정원의 보도 등에 많이 사용된다.

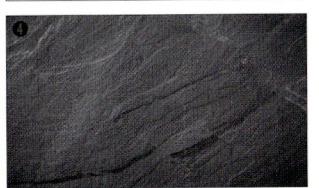

❺ 트래버틴 Fst05

트래버틴travertine은 화강암의 변종이다. 흔히 백색이나 우윳빛을 띤다. 압축성이 커서 줄무늬가 나타날 때도 있다. 다공질로 투과성이 높아 샤워부스를 비롯해 물에 자주 노출되는 곳에 사용해서는 안 된다. 주택의 좁은 공간에 사용하면 고급스러운 분위기를 연출할 수 있다.

❻ 화강암 Fst06

화강암granite은 물성 자체가 단단하다. 수분은 물론 마모와 부식 등 화학적 영향에 강하다. 검정색, 푸른 회색, 빨간색, 분홍색, 흰색 등이 있으며 표면에 보통 얼룩 반점이 있다. 표면의 질감은 결이 있는 것부터 윤이 나는 것까지 다양한데, 약간 거칠게 가공된 것이 미끄럽지 않아 바닥재로 많이 쓰인다.

Type 3

다채로운 색상과 문양

타일 바닥재Fti

타일은 색상과 문양이 다양하고 실용성도 뛰어나다. 내구성이 높고 다루기도 쉬워 주방이나 욕실 외에 거실, 방에 쓰이는 사례도 늘어나고 있다. 타일은 공간의 규모에 따라 적절한 크기를 선택하는 게 중요하다. 큰 타일은 비교적 넓고 사방이 트인 장소에, 작은 타일은 좁거나 사방이 막힌 장소에 어울린다. 매끄럽고 반짝이는 타일은 미끄럼 사고를 유발할 수 있으니 바닥에 쓰지 않는다(『GARM 05 타일』 참고).

❶ 세라믹 타일Fti01

욕실이나 주방에서 흔히 볼 수 있는 가장 일반적인 타일이다. 고운 흙을 구워 만든 것으로 원료와 굽는 온도에 따라 도기 타일과 자기 타일로 나뉜다. 도기 타일은 충격에 약하기 때문에 주로 벽에 쓰이고, 자기 타일은 단단하고 내구성이 뛰어나 바닥에도 쓰인다. 통행량이 많거나 습한 환경에 적합한 재료로, 주로 욕실이나 발코니, 현관에 사용된다.

❷ 모자이크 타일Fti02

모자이크타일mosaic tile은 5cm 이하의 작은 타일을 일자배치나 벽돌배치의 패턴으로 미리 조합한 뒤에 철망 시트를 덧대어 작업하기 쉽게 만든 것이다. 타일은 사각형, 오각형, 육각형 등 형태가 다양하고 보통 300×300mm의 시트 단위로 판매된다. 모자이크타일은 줄눈이 차지하는 비율이 높아 비교적 덜 미끄럽다. 대신 가공 작업이 많고 줄눈의 양이 많아 일반 타일보다 비용이 많이 드는 편이다.

❸ 엔커스틱타일(납화타일)Fti03

엔커스틱encaustic은 '색을 구워 넣는다'는 뜻으로 말 그대로 타일에 열을 가해 색과 패턴을 넣는 방식이다. 유럽에서 18세기부터 시작된 전통 제작 방식을 따라 수작업으로 만드는 타일로 자연스러운 표면과 이국적인 패턴이 특징이다. 상대적으로 공정에 손이 많이 가고 두께도 두툼하다. 두껍게 색이 채워져 있어 얼룩이 있거나 때가 탔을 때 표면을 갈면 원래의 깔끔한 모습이 다시 드러난다.

❹ 테라조 타일Fti04

테라조terrazzo는 대리석 또는 화강암을 부수어 만든 종석에 백색 시멘트를 혼합하여 굳힌 후 표면을 갈아낸 것이다. 테라조를 300~400mm 규격의 판으로 제작한 것을 테라조 타일이라 한다. 단단하고 내구성이 높아 주로 복도와 같이 통행이 빈번한 장소에 쓰인다. 안료를 섞으면 색을 내는 것도 가능해 최근 여러 상업 공간과 카페, 호텔 로비의 바닥재로 인기다.

Type 4

부드럽고 편안한 보행감
비닐 바닥재^{Fvn}

합성수지로 된 비닐 바닥재는 탄성이 있는 부드러운 표면을 가지고 있다. 흔히 '장판'이라 불리는 롤이나 좀 더 두꺼운 타일 형태가 있으며, 두께도 2~6mm로 다양해 취향에 맞게 골라 사용할 수 있다. 표면을 인쇄해 만들므로 어떤 색상과 디자인이든 구현할 수 있는 것도 장점이다. 인쇄 기술의 발달로 바닥재 표면만 보고 원목마루인지, 강마루인지, 고급 비닐 바닥재인지 구분하기가 어려워졌다.

❶ 시트 Fvn01

염화비닐수지PVC 재질로, 일반적으로 '장판'이라고 알려진 바닥재다. 국내에서는 방바닥 하면 노란 장판을 떠올릴 정도로 상징적인 재료이기도 하다. 최근 아름다움과 내구성을 고루 갖춘 제품들이 다양하게 출시되며 여전히 인기가 많다. 바닥 크기에 맞게 잘라 펼친 다음 고정하기 때문에 시공과 철거가 쉽다. 가격도 저렴해 가장 대중적이다. 두께가 얇고 바닥과 밀착하므로 열전도율이 우수하며, 틈새 없이 시공할 수 있어 위생적인 것도 장점이다. 유연하며 부드러워 보행감도 좋다. 다만 표면 강도가 약해 찍히거나 눌리면 흠집이 발생할 수 있다.

❷ 비닐타일 (데코타일, P타일) Fvn02

염화비닐수지 원료에 가소제와 첨가제를 넣어 압축한 뒤, 안료로 패턴을 입혀 타일처럼 만든 것으로 단단한 장판이라고 생각하면 된다. 일반 장판보다 강도가 높아 긁힘이나 흠이 생길 확률이 낮다. 시공할 때 타일용 강력 접착제를 사용해 안전성 문제가 제기되기도 했지만 최근 친환경 접착제를 사용할 수 있는 제품이 여럿 출시되며 잦아드는 추세다. DIY가 가능한 대표적인 바닥재 중 하나다.

❸ 럭셔리비닐타일 Fvn03

럭셔리비닐타일Luxury Vinyl Tile은 충격에 약하고 자국이 오래 남는 기존의 비닐타일의 단점을 보완하여 내구성을 높인 바닥재다. 해외시장에서 빠르게 성장하며 주목받는 바닥재로 소금의 염소와 천연가스의 에틸렌을 혼합한 합성수지로 만들었다. 디자인은 목재, 세라믹 타일, 대리석 등으로 다양하다. 충격이나 오염에 강하고 유지관리도 쉬워 통행량이 많은 공간에 적합하다.

etc
또 다른 다양한 소재
그 밖의 바닥재

석재, 목재, 타일, 비닐 외에도 여러 소재가 바닥재로 쓰인다. 디자인 요소로 활용하여 공간에 강한 인상을 남기거나 필요한 기능을 훌륭하게 해내는 등 중요한 역할을 하는 존재다.

❶ 콘크리트 바닥재 Fco

콘크리트는 가장 유용한 건축재료 중 하나다. 빠르게 시공하고 가격도 저렴하다. 황량하고 거친 느낌이지만 골재가 만드는 패턴과 코팅과 연마 등의 후가공 작업에 따라 윤이 나는 화려한 바닥재가 되기도 한다. 콘크리트 바닥재의 다양한 가공법은 뒤에서 자세히 다룬다(p.80 참고).

❷ 금속 바닥재 Fme

매끈하고 빛나는 금속은 차갑지만 현대적인 느낌을 지녔다. 알루미늄과 아연으로 도금한 내후성 강판이 많이 쓰인다. 주차장이나 공장에 주로 사용되며, 실내 공간에 포인트로 쓰기도 한다. 주로 패널을 조립하는 방식으로 시공하며 소재와 조립 방식에 따라 소음이 발생할 수 있으니 주의해야 한다.

❸ 유리 바닥재 Fgl

유리 바닥재는 주로 장식이나 바닥을 투과해 경관을 조망하는 목적으로 사용하며, 가정에 자주 쓰이는 소재는 아니다. 가격 또한 비싼 편이다. 바닥재로 쓰이는 유리는 하중을 견딜 수 있어야 한다. 두께가 최소 10mm 이상은 되어야 하며, 열처리가 된 안전접합유리를 사용한다.

❹ 도료 Fpa

에폭시, 우레탄을 비롯한 도료는 엄밀히 따지면 바닥재 위에 덧바르는 마감재다. 창고, 공장, 사무실 등에 주로 사용되며, 최근에는 카페를 비롯한 상업 공간에 사용되는 경우도 많다. 도료로 마감한 바닥은 수분과 먼지의 침투를 막고, 유지관리가 쉽다(『GARM 04 페인트』참고).

❺ 카펫 Fca

카펫은 풍부한 색상과 따뜻한 질감으로 고급스럽고 세련된 분위기를 내는 바닥재다. 미끄러지지 않고 폭신하지만 쉽게 오염되어 꾸준한 관리가 필요하다. 넓은 롤과 잘게 나뉜 타일 형이 있고, 통행량이 많은 상업 공간, 고급스러운 호텔이나 업무 공간에서 많이 쓰인다. 특히 업무 공간에서는 소음을 흡수하는 카펫타일을 선호한다.

❻ 고무 바닥재 Frb

헬스클럽은 바닥이 고무로 되어 있다. 탄성이 좋아 떨어졌을 때 기구가 손상되는 걸 보호하고, 소리를 줄여준다. 주로 한번에 시공하는 롤 형태나 계단용 타일 형태가 많이 쓰인다. 돌기가 있는 고무 바닥재는 미끄럼 사고를 줄여줘 수분에 자주 노출되는 욕실, 수영장과 발을 헛디디기 쉬운 계단에 많이 쓰인다.

Story of Flooring

Requirements of Flooring

바닥재가 갖추어야 할 조건

글 정경화

바닥에는 목재, 석재, 비닐, 벽돌, 코르크, 타일 등 많은 재료가 쓰인다. 이들은 소재에 따라 특징이 다르기 때문에 공간과 상황에 어울리는 바닥재를 선택하는 것이 중요하다. 가령 가정집에는 발이 편안한 소재를, 통행량이 많은 공간에는 강도가 높고 소음을 줄여주는 소재를 쓰면 좋다. 바닥재를 고를 때 눈여겨봐야 할 조건을 알아본다.

❶ 강도

강도는 소재의 단단하고 강한 정도로, 바닥재의 내구성을 결정한다. 강도가 높을수록 하중을 오래 견디고 쉽게 긁히거나 흠집이 나지 않는다. 딱딱한 표면을 지닌 콘크리트Fco, 타일Fti, 벽돌 등이 대표적이다. 단단한 바닥재는 견고하지만 오랫동안 서 있으면 불편하다. 유동인구가 많아 높은 내구성이 필요한 상업·업무 공간의 바닥재를 선택할 때 신경써야 한다. 무른 바닥재는 충격에 약하지만 표면이 부드러워 보행감이 좋다. 발에 닿는 느낌이 편안해 주거 공간에 많이 쓰인다. 대표적인 재료로는 비닐 시트(장판)Fvn01가 있다.

❷ 디자인

바닥재의 아름다움은 색상과 문양, 그리고 질감이 결정한다. 시각적인 효과를 내는 색상과 문양도 중요하지만 신체가 늘 닿기 때문에 질감에도 신경 써야 한다. 자연 재료인 목재Fwo, 석재 바닥재Fst는 편안한 느낌으로 사랑받는다. 자연에서 가져온 재료는 색상과 무늬가 한정적인데 강마루Fwo04, 강화마루Fwo03나 비닐 바닥재Fvn는 표면에 인쇄층을 입혀 만들기 때문에 원하는 대로 색상과 문양을 디자인할 수 있다. 최근에는 표면의 문양과 질감을 맞추어 엠보스를 표현하는 기술이 개발되어 실제와 더 흡사하게 구현한다.

❸ 차음성

소음을 막아주는 정도를 말한다. 층간 소음이 문제가 되는 아파트, 공동주택 등의 주거 공간과 조용한 분위기에서 집중해야 하는 업무 공간에서 특히 중요한 요인이다. 공간의 소음에는 발걸음이나 뛰는 소리 같은 무겁고 부드러운 중량 충격음과 의자 끄는 소리와 같이 가볍고 딱딱한 경량 충격음이 있다. 고음역의 경량 충격음은 차음성이 높은 바닥재로 줄일 수 있다. 타일, 석재와 같이 딱딱한 소재보다는 고무Frb, 비닐 바닥재, 카펫Fca과 같이 탄성이 높거나 부드러운 소재가 충격을 잘 흡수해 소음을 효과적으로 줄인다.

❹ 유지관리(실용성)

오염에 강하고 하자나 변형이 적어 처음의 아름다움이 오래 지속되고 유지보수가 쉬운 특성을 뜻한다. 통행량이 많은 상업 공간의 바닥재를 선택할 때 중요한 조건이다. 유타건축사사무소 김창균 공동대표는 "상업 공간은 불특정 다수가 이용하기 때문에 바닥재를 고를 때는 내구성, 유지관리, 가격에 신경 써야 한다. 편안함보다 유지관리가 중요하다"고 말한다. 딱딱하고 밀실한 표면을 지닌 타일, 접착력이 우수해 표면에 잘 달라붙는 에폭시, 습기와 오염에 강한 비닐타일Fvn02이 하자나 변형이 적어 유지관리가 쉽다.

❺ 친환경성

한국에서는 기본적으로 좌식 생활을 하다 보니 사람의 신체가 바닥에 직접 닿는다. 요즘에는 반려동물이 있는 가정이 늘면서 바닥 환경이 더욱 중요해졌다. 그러한 이유로 이건산업의 정인재 이사는 바닥재를 고를 때 가장 고려해야 할 요소로 친환경을 꼽았다. 바닥재의 친환경성은 제품에 사용되는 화학약품과 재료에 따라 결정된다. 제품 외에 시공 재료도 친환경을 고려하여 선택해야 한다. 접착제로 붙여 시공하는 경우에는 접착제의 친환경 여부도 꼼꼼히 살펴보자.

❻ 열효율성

바닥을 덥히는 바닥난방이 익숙한 한국의 주거 공간에서 중요한 요소다. 열을 오래 품으면서 변형이 적은 소재를 선택하는 것이 좋다. 타일은 열기가 금방 식고, 목재 바닥재는 열에 의해 변형될 수 있다. 비닐 바닥재인 장판이나 비닐타일은 열전달성이 높고 잔열이 오래 지속되어 바닥난방에 적합하다.

두께도 중요한 요소다. 두께가 얇으면 열이 잘 전달되어 빨리 따뜻해진다. 다만 얇을수록 열이 식는 것도 빠르므로 용도에 따라 적절한 두께를 고르도록 한다.

Reportage 1

국내 목재 바닥재 시장을 묻다
이건산업㈜ 정인재 이사

인터뷰 심영규

이건산업은 22년 전 합판사업으로 시작해 현재는 연간 600만 m²가 넘는 마루를 생산하며 국내시장의 약 20%를 점유한다. 일찍이 목재 수급의 중요성을 알아보고 1997년 솔로몬제도에 조림 사업과 수종 개발을 시작해 원자재의 공급까지 책임지고 있다. 2018년 1월 개항한 인천국제공항 제2여객터미널의 마루 바닥을 해외 업체를 제치고 자사 제품으로 채웠다. 인천공장에서 정인재 이사를 만나 국내 목재 바닥재 시장의 현재와 미래를 물었다.

감씨(감) 이건산업은 목재 바닥재Fwo를 대표하는 기업 중 하나다.

정인재(정) 이건산업은 합판으로 시작했다. 이후 건축자재, 마감재 시장으로 사업을 넓혀 1988년에는 창호, 1995년에는 바닥재 사업에 뛰어들었다. 현재 생산하는 마루 제품은 강마루가 전체의 70%로 가장 많고, 천연마루 25%, 수입상품을 포함한 원목마루가 5% 정도다.

감 소비자들이 바닥재를 고를 때 중요하게 고려하는 것은 무엇인가? 주로 어떤 제품을 선호하나?

정 최근 1~2년간 소비자가 가장 원했던 1순위는 '인테리어와 조화를 이루는 바닥재'다. 그래서 다른 마감재와 잘 어울리는 색상과 무늬를 우선적으로 고려한다. 두 번째는 표면의 질감이다. 매끈한 표면보다 목재의 무늬가 질감으로 느껴지는 제품을 더 선호한다. 다양한 규격에 대한 수요도 늘었다. 기존에는 75×900mm 규격만 생산되었으나, 소비자들은 더 길고 넓은 마루를 원했다. 지금은 폭 90, 120mm, 길이 600, 900, 1,200, 1,800mm까지 다양한 규격을 생산한다. 그 외에 무광 제품을 선호하거나 헤링본 스타일과 같은 새로운 패턴으로 시공하는 것도 최근 트렌드다. 바닥재도 해마다 유행이 있는데 해외는 국내보다 6개월에서 1년 정도 더 빠르다. 그래서 미리 가구나 마감재 동향을 파악하여 그에 맞게 준비한다. 올해 초에는 회색이나 베이지색이 유행했고, 수종은 참나무Oak나 물푸레나무Ash가 대세였다.

감 소비자의 다양한 요구를 빠르게 파악하여 제품에 적용하는 것이 더욱 중요해질 것으로 보인다. 어떤 방식으로 대응하고 있나?

정 앞서 말한 규격이나 패턴의 다양화 외에도 천연(합판)마루Fwo02, 원목마루Fwo01, 강마루Fwo04, 목재에 플라스틱을 결합한 합침마루 등 다양한 제품을 개발하여 소비자의 수요에 대응하고 있다. 최근에는 1인 가구가 늘어나는 흐름에 발맞추어 1~2인 가구에 맞는 보급형 제품도 개발 중이다. 기존 두께가 7.5mm라면 이 제품은 6~6.5mm 정도로 두께를 얇게 하는 대신 가성비를 높였다. 온라인 이건스토어와 홍대 전시장인 이건하우스에서는 마루와 함께 창호, 문, 벽을 함께 고르는 패키지 제품도 판매한다. 통합 인테리어 솔루션을 제공하는 셈이다(p.134 참고). 층간소음에 대처하는 제품도 연구 중이다. 마루재는 중량 충격음에는 달리 방도가 없으나 경량 충격음은 어느 정도 줄일 수 있다. 친환경소재인 폴리에틸렌PE 폼, 코르크 등의 소재를 더해 소음을 줄이도록 개발하고 있다. 연구는 활발하나 건설사에서 원하는 단가가 낮다 보니 금액을 맞추기가 어렵다.

이건산업 인천공장의 전경. 연간 600만m²가 넘는 목재마루를 생산한다.

Story of Flooring

이건산업은 1997년 솔로몬제도에 조림 사업을 시작하여 현재 목재 마루 생산에 필요한
원자재도 직접 조달하고 있다.

소비자의 수요에 맞추어 기존의 75×900mm 규격 외에 폭 90, 120mm, 길이 600, 1,200,
1,800mm까지 다양한 규격을 생산한다.

감 사용하면서 주의할 점은 어떤 것이 있나?

정 천연마루는 일단 환경의 영향을 많이 받는다. 기본적으로 목재는 온습도에 자연스럽게 적응하지만 편차가 심한 환경에서는 목재 자체의 안정성이 깨지면서 하자가 생긴다. 목재에 좋은 환경은 사람이 쾌적하다고 느끼는 조건과 같다. 온도보다는 습도가 중요한데 30~70%가 적당하다. 30%보다 낮아지면 건조해서 마루가 뜨고, 70%보다 높으면 변색될 수 있다. 최근 아열대성 기후와 장마로 여름철의 습도가 높아지면서 가구나 마루에 쓰이는 MDF 등의 소재에 곰팡이가 생기는 경우가 늘었다. 내수성이 강한 합판 소재가 이에 대한 대안이라 할 수 있다. 이와 같이 시공 후에 생길 수 있는 문제에 소비자들이 미리 대비할 수 있도록 유지보수 관리법을 책자로 제공하고 있다. 천연마루의 경우에는 긁힘과 같은 하자가 생길 수밖에 없기에 일정 기간이 지나면 표면을 다시 코팅하기를 제안하기도 한다.

감 이건산업은 국내에서 유일하게 'WPC 함침공법'을 보유하고 있다. 이는 무엇인가?

정 일단 함침공법에는 두 종류가 있다. 하나는 목재와 플라스틱의 일종인 PVC를 합쳐서 만든 우드 플라스틱 컴포지트Wood Plastic Composite로 데크재가 대표적이다. 다른 하나는 우리가 보유한 제품으로 우드 폴리머 컴포지트Wood Polymer Composite다. 목질 내부의 수관에 고분자수지polymer를 주입하여 밀도를 높이는 공법이다. 표면에 긁힘이 적고 내구성, 내수성이 뛰어나며, 색상과 무늬가 도드라진다. 폴리머에 색소를 주입하여 조색도 가능하다. 수명도 2배로 늘어나 공항과 같이 다중이 보행하는 공간의 바닥재로 적합하다. 이 공법은 전 세계에서 4개 업체만 보유하고 있다. 4개 업체가 입찰에 참여했던 인천국제공항 제1여객터미널의 경우, 총 9만 ㎡ 중 절반인 4만 5천 ㎡를 시공했으며, 2, 3차 제2여객터미널은 전부 우리가 시공했다. 그만큼 보증된 제품이다.

마치 비행기 격납고 같은 규모의 창고. 이건산업에서 생산하는 합판을 보관한다.

천연마루의 표면재로 쓰이는 무늬목이 쌓여 있는 모습.

감 WPC공법 외에 또 다른 이건산업만의 차별점이 있다면?

정 강마루의 경우에는 최근 동조엠보 기법을 도입했다. 제품 대부분은 표면에 목재의 무늬만 찍혀 있고 엠보는 무늬와 별개로 있어 인위적이고 밋밋한 느낌인데 동조엠보 기법을 쓰면 목재 무늬와 똑같이 엠보를 만들어 찍어낼 수 있다. 인조 제품인데 진짜 목재와 같은 느낌이 나서 인기가 많았다. 강마루 시장은 경쟁이 치열하다 보니 가격을 낮추려고 하는 것이 대부분이지만 그러한 움직임에서 벗어나 품질을 높이기 위해 다각도로 연구하고 있다. 구정마루는 패턴이나 시공법에서 차별점을 두려고 노력하는데 우리도 패턴에 대해 일찍 접근했다. 한옥의 정마루나 V자로 시공하는 쉐브론 패턴도 국내 최초였다. 보통 패턴이 있는 바닥재를 시공할 때에도 바닥면 전체를 한 장의 필름지로 붙이는데 이는 목재의 입체감이나 질감이 느껴지지 않아 부자연스럽고 밋밋하다. 우리는 패턴을 한 장에 한 번에 인쇄하는 것이 아닌 개개의 쪽을 만들어 시공하여 목재의 느낌을 한껏 느낄 수 있다.

감 앞으로 목재 바닥재의 발전 방향은 어떻게 보나.

정 소재의 변화다. 최근 유럽과 미국에서 '복합플로어링 협회MMFA'가 생겼다.

지금까지는 합판에 HPMHigh Pressure Melamine Sheet, 무늬목, 원목 단판이 올라가는 형태로 한정되었으나 최근 개발된 복합플로어링은 합판, PVC, MDF와 같은 바탕재에 목재, 필름과 같은 다양한 소재를 접목한다. 기존의 소재가 지닌 단점을 극복하기 위해 다른 소재를 함께 사용하는 것이다. 앞으로 목재 바닥재에서 집중해서 연구할 부분이라고 생각한다. 그리고 바탕재 위에 콘크리트, 석재와 같은 다양한 무늬를 인쇄하는 공법도 향후 마루에 적용될 거라 본다.

정리 정경화

Story of Flooring

천연마루, 강마루 제작 과정

목재 바닥재는 사용하는 재료와 가공 방식에 따라 원목마루, 천연마루로 불리는 합판마루, 강마루 등 그 종류가 다양하다. 그중 합판 바탕재에 얇은 무늬목을 붙여 만드는 천연마루와 고강도수지를 올려 만든 강마루의 제작 과정을 소개한다.

❶ 접착
천연마루의 바탕재인 합판은 칠레에서 가져온 침엽수와 솔로몬제도에서 가져온 열대 특수목재인 남양재로 만든다. 표면재로 쓰이는 무늬목도 해외에서 가져온다. 준비된 합판과 무늬목을 친환경 접착제로 열압 접착한다.

❷ 압착
접착한 반제품을 압착하여 일체화한다. 이때, 천연마루는 열압, 강마루는 냉압으로 온도를 달리한다. 냉압은 대개 한 번에 80~90매 가량을 40분 정도 압착한다. 해당 사진은 냉압 공정이다.

❸ 시즈닝 Seasoning
보관 공정이다. 콘크리트가 필요한 성능을 내기 위해 충분히 양생하듯이 마루 또한 충분히 경화, 건조하여 안정화하는 보관 과정을 거친다. 시즈닝이 잘되어야 개별 마루 조각으로 재단해도 서로 분리되지 않고 잘 유지된다.

❹ 하도, 중도 도장
가공하기 전 표면의 무늬목을 평평하게 정리하는 하도와 표면의 물성을 결정짓는 중도 도장을 각각 2회씩 거친다. 도료를 칠한 후에는 UV 광원을 비추어 바로 경화시킨다.

❺ 가공
알맞은 크기로 자르고 마루 뒷면에 홈을 내는 과정이다. 규격에 맞게 재단하는 세절 가공 후 4면에 서로 끼워 맞출 수 있도록 홈을 만드는 제혀가공 Tongue&Groove을 한다.

❻ 상도 도장
가공 후 마지막으로 표면에 도장하는 과정으로 표면의 품질을 좌우하는 중요한 공정이다. 원하는 색상으로 도장하여 마무리한다.

Story of Flooring

©LG하우시스

Opinion

소비자의 취향을 캔버스에 펼치다
LG하우시스 디자인센터 김형철 디자이너

인터뷰 심영규

어느 것 하나 그냥 만들어지는 건 없건만, 우리가 매일 밟고 눕고 앉는 바닥재가 길고 복잡한 과정을 거친 '디자인'이라는 생각은 미처 하지 못했다. 바닥재디자이너라는 직업을 들었을 때의 생경함은 아마 그 때문이었으리라. 생소한 만큼 궁금증도 컸다. LG하우시스 디자인센터의 김형철 디자이너를 찾아간 까닭이다. 바닥재디자이너의 역할, 디자인이 탄생하는 과정, 트렌드에 대해 물었다.

감씨(감) 생경하다. 바닥재디자이너의 역할은 무엇인가?

김형철(김) 나무나 돌과 같은 자연 소재를 모사하거나 특정 패턴과 무늬를 디자인해 제품을 제작하고 표면의 질감을 주는 엠보스까지 계획한다. 인쇄물에 대한 노하우와 시장 트렌드 파악이 기본이라고 할 수 있다. 그 과정에서 시장조사가 매우 중요하다. 전국 단위로 조사한다. 재미있는 사실은 소매상조차 바닥재 디자이너가 있다는 사실을 잘 모른다(웃음).

감 디자인과 제작 과정은 어떻게 되나?

김 첫 번째는 시장조사다. 이 시장은 '유통망'과 '팬심'이 중요하다. 브랜드에 대한 인식이 강하게 작용한다. 그리고 생각보다 PVC 바닥재가 고가라 제한된 시장에서 다양한 제품을 내기가 쉽지 않다. 그래서 시장조사가 중요하다. 흥미로운 사실은 전국의 트렌드를 조사해 보면 시차가 있다. 지역 간 거리뿐 아니라 지역마다 선호하는 디자인이 달라서다. 2012년엔 3~4년 정도의 차이가 있었지만 지금은 1년 정도로 줄었다.
시장조사를 할 때는 몇 가지 노하우가 있다. 가령 디자이너에게는 바닥재의 결이나 줄눈이 중요하지만 이에 대해 묻지 않는다. 대신 간접적으로 접근한다. 다양한 제품 사진을 보여주면서 이런저런 질문을 하는 식이다. 더불어 바닥재뿐 아니라 다른 재료와 어울리는 정도도 분석한다.
디자인이 끝나면 제작에 들어간다. 커다란 동판을 가공해 판의 오목한 부분에 잉크를 채우고 압력을 주어 찍어내는 그라비어 인쇄를 한다. 이 방법은 연속적으로 길게 인쇄하는 게 가능하다. 그러나 인쇄의 특성상 구현하기 힘든 색이 있다. 또 명암 대비가 작은 연조에는 그러데이션이 생기거나 명암 대비가 큰 경조에는 티가 날 수 있기 때문에 색상 조절이 중요하다. 인쇄 품질이 좋아야 제품의 선명도가 높아진다. 이후에 후가공을 한다.

감 소재에 따른 디자인이나 트렌드의 차이는 어떤 것이 있나?

김 가장 많은 건 목재로, 목재의 무늬를 많이 디자인한다. 과거엔 붉은 색감의 목재 무늬가 아주 오랫동안 인기를 끌었다. 간간히 직물 패턴도 있었다. 얼마 전까지는 밝고 밋밋한 무늬의 미니멀한 스타일이 유행했다. 작은 평수의 집이 많아짐에 따라, 밝으면서 넓어 보이는 효과를 원한 것 같다. 최근에는 좀 더 어두워졌고 다채로워졌다. 그리고 '브러시 처리'로 질감을 더한 제품도 눈에 띈다. 브러쉬 처리된 바닥재는 반무광으로 자연스러운 느낌을 준다.
논우드 컬렉션non-wood collection에 대한 연구도 활발하다. 최근 가장 많이 늘어난 디자인은 석재 계열이다. 모던한 느낌을 주고 나무와도 조화를 이루기 때문이다. 예전에 북유럽 패턴이 잠깐 유행한 적이 있었는데 최근에는 이에 질린 탓인지 화려한 패턴들이 나오기 시작했다. 주로 밋밋한 공간이나 현관, 주방 등에 포인트로

바닥재에 포인트를 주고 다채로움을 더하는 여러 재료들

Story of Flooring

ⓒLG하우시스

부드러운 느낌의 직물 무늬 바닥재는 공간 속에 은은하게 녹아든다. 제품은 LG하우시스 SL40031-22 우븐 베이지.

ⓒLG하우시스

헤링본 패턴의 목재 무늬 바닥재로 자연스러움과 편안한 이미지를 강조한 북유럽 스타일의 공간. 제품은 LG하우시스 SL40052-22 헤링본 내추럴.

LG하우시스 디자인센터에 진열되어 있는 다양한 무늬의 바닥재 샘플들

사용한다. 블랙 앤드 화이트 계열의 인테리어가 유행하고, 카페에 에폭시로 마감한 바닥을 많이 쓸 때 반신반의하는 마음으로 그와 비슷한 디자인과 색상의 시트 Fvn01 바닥재를 출시했는데 반응이 무척 좋았다.

감 트렌드는 어떤 방식을 거쳐 디자인에 반영되나.

김 소비자가 가장 많이 언급하는 인테리어 키워드를 가지고 포털사이트에서 검색 빈도를 뽑고, 시대별로 스타일을 분석하고 키워드를 추출해서 상위권에 오른 내용을 뽑아낸다. 소비자들이 인테리어에 대한 정보를 많이 공유하기 때문에 예전보다 상대적으로 데이터 확보가 유리해졌다.

감 소비자 입장에서 바닥재를 선택할 때 팁이라면?

김 바닥재는 인테리어에서 일종의 캔버스와 같은 역할을 한다. 바닥에 깔리는 제품이지만 소비자는 테이블에 올려놓고 고른다. 그 자리에서 집 안의 전체적인 그림을 그리는 게 쉽지 않다. 잘 고르기 위해서는 내가 원하는 전반적인 취향이나 분위기를 결정해야 한다. 개별 제품의 디자인은 다양하고 가격대 역시 천차만별이다. 바닥재는 독립적으로 존재하는 제품이 아니라 공간의 바탕을 이루는 캔버스이기 때문에 결국 전체적인 코디가 중요하다. 공간의 이미지를 먼저 떠올리고 그에 가장 가깝고 비슷한 걸 선택해야 한다. 원하는 스타일의 큰 그림을 그린 뒤, 디자인으로 필터링을 해야 한다. 소비자들이 흔히 저지르는 실수는 개별 제품 단위로 접근한다는 것이다. 제조사가 코디를 제공하지 않기 때문이기도 하다. 업계에선 공간 단위로 제공하려고 하지만 아직 미비하다. 제조사의 제품 스펙대로 가는 게 아니라 전체적인 조화를 고려해야 한다. 다른 사람이 해놓은 시공 사례를 참고하는 것도 좋은 방법이다.

감 앞으로의 시장은 어떻게 보는지?

김 일반적인 시장은 바닥난방이 보편적이다. 요즘 등장하는 대형 주상복합은 바닥난방이 아닌 공조 시스템이다. 그런 곳에서는 카펫 Fca을 비롯해 서구식의 바닥재가 늘어날 수 있다. 온돌이라는 바닥난방 시스템 자체가 바뀌진 않겠지만 입식 생활이 늘어나고 있다. 바닥 타일은 예전에 거실이나 부엌에 안 썼지만, 지금은 많이 사용한다. 바닥재도 살이 닿았을 때의 질감을 점점 더 고려하는 쪽으로 갈 것 같다. 석재의 사용이 점점 늘어나고, 고급 원목도 있는 그대로 자연스러운 것을 사용한다. 앞으로 점점 과감한 디자인이 나올 것으로 보인다.

정리 김종오

Story of Flooring

2　　　　Space and Flooring

Flooring in the Right Place
적재적소의 바닥재

글 김종오

우리가 늘 밟고 서는 바닥은 너무나 익숙해서 그 존재를 실감하기가 어렵다. 하지만 눈길을 주지 않아 미처 몰랐던 그곳에는 상황에 맞게 제 역할을 하는 다양한 종류의 바닥재가 있다. 지금 밟고 있는 바닥을 한번 살펴보자. 그리고 이 안내서와 함께 원하는 공간에 한 발 더 내딛어 보자.

'공기 없이 살 수 없다'라는 당연한 말이 예고도 없이 훅 들어올 때가 있다. 물속에 들어가고 나서야 공기의 소중함과 나의 미약함을 깨닫게 되는 것처럼 말이다. 바닥도 마찬가지다. 남녀노소, 빈부귀천 가릴 것 없이 인간은 바닥과 떨어져서는 한시도 살 수 없다. 상상 속에서야 무중력의 세계를 얼마든지 꿈꿀 수 있지만, 바닥에 의지하지 않는 현실이란 불가능의 영역이다. 하늘을 날거나 우주를 탐험하는 일도 마찬가지다. 비행기와 우주선의 바닥에 몸을 의탁해야만 가능하다. 그리고 그 위에서 먹고 자고 쉬고 노는 생활을 반복해서 쌓아간다.

바닥을 새롭게 발견하고 나자 그때부터 점점 바닥재가 눈에 들어오기 시작했다. 입이 떡 벌어지는 가격의 대리석[Fst01]으로 마감한 빌딩 로비부터 바닥재를 직접 고르고 시공까지 했다는 친구의 자취방까지. 무색무취의 공기 안에 질소, 산소, 이산화탄소 등 각종 물질이 들어 있는 것처럼 바닥재에도 광대무변의 세계가 있었다. 화장실에만 쓰이는 줄 알았던 타일[Fti]이 거실, 부엌, 방을 넘나들며 사용되고 있었고 목재 바닥재[Fwo]는 원목과 무늬목의 구분을 시작으로 색상과 문양으로 다시 나뉘어 셀 수 없을 만큼 다양했다.

자주 들르는 카페와 식당, 하루 중 가장 오랜 시간을 보내는 회사의 바닥재도 그제야 시야에 들어오기 시작했다. 매끈하고 광택이 나는 카페의 바닥, 실내 일부에 벽돌을 깔아 포인트를 준 식당의 바닥, 모두 저마다의 색깔을 내뿜고 있었는데 매일 무신경하게 밟기만 했지 제대로 보지 않았던 것이다. 회사의 바닥도 청소하기 쉽고 소음이 적은 목재 무늬의 비닐 바닥재[Fvn]였다. 다른 종류의 바닥재를 보니 노란 장판의 장점이 보이기도 했다. 일단 저렴하고 바닥난방에 안성맞춤이다. 보일러를 틀기 무섭게 뜨끈뜨끈 훈기가 올라온다. 요즘에는 바닥재에 여러 기능을 접목한 것은 물론 색상과 무늬도 다양해 취향에 맞게 선택할 수 있다.

'발을 들여놓다'라는 말이 다른 이역만리로의 이동이나 생애주기에서의 대단한 변화만을 뜻하는 건 아니다. 집에서 학교로, 학교에서 영화관으로, 영화관에서 카페로, 카페에서 다시 집으로, 이 모든 과정 역시 어디론가 계속해서 발을 들여놓는 일이다. 그리고 문을 열고 들어갔을 때 나의 신체와 가장 먼저 닿고, 계속해서 붙어 있으며, 어쩌면 유일하게 맞닿는 곳이 바닥이다.

이번 장에서는 하루 동안 밟고 지내며 만나는 바닥들을 모았다. 혼자, 때로는 함께 휴식하는 주거 공간, 안전함이 중요한 유치원에서부터 다양한 사람이 찾는 상업 공간과 업무 공간까지. 상황에 맞는 바닥재를 알아보고 공간에 어떻게 쓰였는지 살펴보자.

Space and Flooring

Case of Flooring 1
가족과 함께 편히 쉬는 공간

글 심영규

주거 공간은 가족들과 함께 생활하는 안락한 공간이다. 이곳의 바닥재를 고를 때는 어떤 점을 고려해야 하고, 어떤 종류의 바닥이 적합한지 알아본다.

고려 요소 열효율성 > 친환경 > 생활양식 > 디자인

좌식 생활에 익숙한 우리는 바닥재에 관심이 많을 수밖에 없다. 주거 공간의 바닥재를 선택할 때는 먼저 **열효율성**을 고려한다. 바닥을 빨리 따뜻하게 하려면 얇은 재료가 유리해 주로 얇은 비닐, 타일, 목재인 마루를 쓴다.

따뜻한 바닥 덕분에 슬리퍼를 신지 않고 양말을 벗는다. 발에 직접 닿기 때문에 촉감이 중요하다. 집에서는 맨발로 걷고, 앉고 눕는다. 그래서 가족의 건강을 위해 **친환경**(p.34 참고)도 고려해야 한다. 자연 재료로 보이는 목재도 접착제와 도료 같은 화학 물질을 사용한다. 합판 접착제의 경우, 포름알데히드가 나오는 정도를 평가해 친환경 등급으로 나타낸다. 방출량이 0.3mg/ℓ 이하이면 SE0, 0.3~0.5mg/ℓ이면 E0, 0.5~1.5mg/ℓ이면 E1, 1.5mg/ℓ 이상이면 E2로 구분한다. E2 등급은 실내 자재로 사용할 수 없고, SE0 등급과 E0 등급 자재는 친환경 자재로 꼽힌다. 합판마루Fwo02를 고를 때에는 이 등급을 눈여겨보자. 더불어 가족 구성원과 **생활양식**, 그리고 **디자인**도 중요하다.

추천 바닥재 목재 바닥재, 타일, 비닐 바닥재

주택에 가장 많이 사용하는 바닥재는 목재, 타일, 비닐이고 위치나 용도, 생활양식에 따라 적합한 소재를 선택한다. 거실은 타일과 석재Fst, 방은 목재와 비닐이 기본이다. 욕실은 물기가 있기 때문에 타일을 주로 쓴다.

목재 바닥재는 종류도 다양하다. 아이가 있는 경우, 강화마루Fwo03를 깔면 소음이 문제가 되지만 원목마루Fwo01를 깔면 긁힘이나 유지보수에 문제가 생길 수 있다. 반려동물이 있다면 마루보다 썩지 않고 청소와 관리가 수월한 콘크리트 도장Fco02이나 타일 계열을 추천한다.

❶ 목재 바닥재 Fwo

목재는 나무가 주는 따뜻함과 심리적 편안함으로 오래 사랑받아 온 바닥재다. 바탕이 되는 콘크리트 바닥이 평평하지 않아도 어느 정도 보완이 가능하다. 목재 바닥재는 네 가지가 있다. 원목마루, 합판마루, 강화마루, 강마루Fwo04다(p.22 참고). 과거 많이 쓰이던 강화마루, 합판마루를 강마루가 대체했다. 강마루는 상대적으로 내구성이 좋고 흠집이 잘 생기지 않는다. 최근에는 원목마루가 강마루를 대체하고 있다.

강화마루는 바닥재를 바탕면에 접착하지 않고 끼워 설치하는 클릭 시공으로 이음부가 삐걱거리는 소음 문제가 발생했다. 반면에 합판마루는 천연 목재를 사용하다 보니 찍히고 긁히는 하자가 많이 발생했다. 그래서 나온 제품이 강마루다. 강화마루처럼 강한 표면 재료에 합판마루의 시공 방식을 써서 둘의 단점을 보완했다. 현재 목재 바닥재 시장에서

수종에 따라 색상과 무늬가 달라지는 목재 바닥재.

목재 바닥재는 수종 외에 규격과 패턴을 달리하여 변화를 주기도 한다.

나무가 주는 따뜻함과 심리적 편안함으로 목재 바닥재는 오랫동안 사랑받아 왔다.

강마루의 점유율은 60~70%에 달한다. 합판마루가 20%, 강화마루가 10%, 원목마루가 그 뒤를 따른다. 실용성이나 가격만 생각하면 강화마루나 강마루가 좋다. 하지만 이들의 표면은 천연 목재가 아니다. 사람의 몸에 직접 닿는 부분의 소재가 무엇인지 소비자가 미리 잘 알고 선택하는 것이 중요하다.

❷ 타일 바닥재[Fti]

타일에는 크게 두 가지 종류가 있다(『GARM 05 타일』참고). 약한 도기질과 좀 더 단단해 바닥재로 주로 쓰이는 자기질이다. '도자기'라고 순서를 암기하면 헷갈릴 일이 없다. 그 안에서도 광택이 있는 유광 타일과 광택 없이 매트한 질감의 무광 타일로 구분할 수 있다. 유광 타일은 유지관리는 쉽지만 미끄러질 수 있어 바닥재로 사용할 때는 주의를 기울여야 한다. 석재나 목재 같은 자연재를 흉내낸 타일도 수백 가지 종류가 있다.

크기는 일반적으로 600×600mm를 사용한다. 최근엔 1,500×1,500mm 같은 대형 타일도 사용한다. 크기가 클수록 더 모던해 보이며, 작은 모자이크타일[Fti02]은 부분적으로 강조한 느낌이 난다.

타일의 가장 큰 특징은 패턴이 반복된다는 점이다. 조성익 홍익대학교 교수는 "타일의 가격은 반복되는 패턴이 보이면 저렴하고, 반복되는 패턴이 보이지 않으면 비싸다"며 업체에서는 보통 12~15가지의 패턴을 무작위로 섞어서 판매하므로 시공할 때 자연스럽게 배열되는 게 중요하다"고 말한다.

대형 타일로 모던한 분위기를 낸 공간

비닐 바닥재는 인쇄 기술의 발달로 대리석, 콘크리트 질감 등 디자인 선택의 폭이 다양해졌다.

❸ 비닐 바닥재 Fvn

합성수지로 된 비닐 바닥재는 탄성이 있는 부드러운 표면을 가지고 있다(p.22 참고). 과거에는 주택 대부분에 비닐 바닥재가 쓰였다. 전통적인 종이장판을 PVC로 된 시트(장판)Fvn01가 대체했기 때문이다. 비닐 바닥재는 주택의 열전도율과 열효율성을 중요하게 고려한 바닥재로 시공이 간단하고 제품의 가격이 저렴해 실용적이다. 인쇄 기술이 발달하면서 최근에는 디자인 선택의 폭도 다양해졌다.

제품의 단면을 보면 PVC층-이면층-발포층으로 구성되어 있는데, 흔히 '펫트'와 '~륨leum'으로 구분된다. 비닐 바닥재는 LG, 한화, KCC와 같은 대기업에서 주로 생산한다. 산업화 초기에는 화학제품을 기반으로 한 설비 등이 중요하다 보니 아무래도 초기 설비 투자가 유리했던 대기업이 많이 진출해 있다. 최근 염화비닐수지 원료에 가소제와 첨가제를 넣어 압축한 뒤, 안료로 패턴을 입혀 타일처럼 만든 비닐타일(데코타일, P타일)Fvn02이 많이 생산되고 있다.

❹ 기타 바닥재

석재는 강도가 높고 내구성이 뛰어나다. 화재와 연소에 대한 저항력, 즉 내화성도 우수하다. 무엇보다 자연 본연의 아름다움을 갖고 있다. 석재는 종류에 따라 색상, 무늬, 질감이 다양하다. 또한 한번 데워지면 열을 오래 간직하고 있어 바닥난방에 유리하다.

바닥재로 주로 쓰이는 석재는 화강암Fst06, 석회암Fst03, 사암Fst02, 현무암, 대리석Fst01이다. 특히 대리석은 두께감이 있어 고급스럽다.

선택 기준

기본적으로 주택의 가구와 벽의 색에 맞춰서 바닥재를 선택한다. 목재 바닥재는 아주 오랜 시간 가정집에 사용되어 주거용 바닥재라는 이미지가 강하다. 그러나 생활양식이 좌식에서 입식으로 바뀐 이후로 최근엔 주택에도 타일을 많이 사용한다. LG하우시스 디자인센터 김형철 디자이너는 "최근에는 문턱이 사라지면서 전체를 한 가지 바닥재로 통일하는 추세"라고 말한다. 같은 제품이지만 디자인을 달리하여 구분하기도 한다. 거실과 식사 공간, 부엌이 하나로 연결된 형태인 nLDKLiving·Dining·Kitchen의 경우는 바닥재로 공간을 구분한다.

목재는 두께와 수종에 따라 종류가 많다. 그만큼 색상이나 무늬가 다양하고 제품이 많다. 그러나 강화마루와 강마루는 똑같은 인쇄 패턴이 반복되다 보니 어색함을 느낄 수 있다. 인공물에서 오는 이질적인 느낌이라 최근에는 새로운 디자인이 나오기도 한다. 길고 가느다란 부재의 특성상 일자패턴, 쉐브론, 헤링본, 위브 패턴 등 다양한 패턴으로 시공하기도 한다. 단, 패턴이 특이하면 벽이나 가구가 단순해야 한다. 유타건축사사무소 김창균 공동대표는 "사실 바닥재 샘플 몇 개만 보고 전체 공간에 시공되었을 때의 모습을 상상하기는 쉽지 않다"며 "논현동에 모여 있는 자재 매장에 가서 직접 보거나 내부 공개를 허락한 주택에 직접 방문해 차이를 확인하는 것이 좋다"고 말한다.

Interview 1

가족의 생활을
세밀하게 이해하기

인터뷰 심영규

아파트에서 사는 일은 생활 패턴을 공간에 맞추는 과정의 연속이다. 가구와 가전은 달라질 수 있어도, 공간의 크기와 구조는 바꿀 수 없다. 반면 단독주택은 설계부터 시공까지 그곳에 사는 사람에게 맞춰진다. 가족은 몇 명인지, 반려동물은 몇 마리인지, 사소한 습관은 무엇인지. 옷으로 치면 기성복과 맞춤옷의 차이다. 그렇기에 건축가는 거주자의 생활 패턴을 꼼꼼히 이해해야 하고, 집에서 일어날 만한 상황을 반드시 예측해야 한다.

김창균
유타건축사사무소 공동대표

1971년 서울 출생으로 서울시립대학교 건축공학과를 졸업하고, 동 대학원에서 석사학위를 취득하였다. 다양한 곳에서 여러 작업에 참여하며 실무경험을 쌓았고, 2009년 UTAA 건축사사무소를 개소하였다. 현재 ㈜유타건축사사무소 대표로, 서울시 공공건축가이며, 2011년 문화체육관광부에서 주관하는 '젊은 건축가상'을 수상한 바 있다. 일상의 중·소규모 건축물을 바탕으로 하는 손에 닿는 건축과 공간에 관심을 가지고 도시 안에 담아내려고 노력하고 있다.

제주 소소헌(2015)은 실내에서 강아지를 키워 1층 일부 바닥을 에폭시로 처리했다.

제주시 애월읍에 위치한 소소헌

갑씨(갑) 주택의 바닥재를 선택할 때 중요하게 고려할 사항은 무엇인가?
김창균(김) 품질, 가격, 디자인을 고려해서 제안하지만 아무래도 건축주의 취향에 따라 원하는 소재와 디자인이 다르다. 또 집에서는 '눕는다'는 게 상업 공간, 업무 공간과 다른 점이다. 인체에 유해한지 여부와 건축주의 미적 취향에 영향을 많이 받는다. 그리고 공간의 용도를 중요하게 고려한다. 반려동물이 있는 경우, 목재 바닥재Fwo보다는 썩지 않고 청소와 관리가 수월한 에폭시나 타일Fti 계열의 바닥재를 추천한다. 강아지 두 마리가 있는 제주 소소헌(2015)은 1층 일부분을 에폭시로 처리했다. 제천 유소헌(2016)은 아흔이 넘은 노모와 육십 대의 남자 화가가 사는 집인데, 본인의 작업실을 필요로 했다. 집을 두 개로 나눠 한쪽은 주거 공간, 다른 한쪽에는 작업 공간을 뒀다. 작업 공간의 바닥재는 폐교에서 가져온 마루를 가공했다. 바닥재는 특히 신체가 맞닿고 공간의 분위기에 많은 영향을 미치기 때문에 라이프스타일 전반의 영향을 받는다.

갑 주택 설계의 시작은 사용자에 대한 면밀한 이해인 것 같다.
김 집에 있는 시간이 많은 만큼 사용자에 대한 이해가 무척 중요하다. 어린이가 있는 경우는 아마인유, 송진, 코르크 같은 천연소재로 만들어진 마모륨이, 신혼부부나 아이들이 많이 자란 가정이라면 강마루Fwo04나 타일의 비율이 높아진다. 나이가 있으신 분들께는 원목마루Fwo01를 권한다.

갑 소재의 다양화로 주택 바닥재의 선택의 폭도 넓어졌다.
김 예를 들어 흔히 '도끼다시'라고 불리는 테라조가 주택 바닥재로 사용된다. 에폭시도 필요에 따라 주택에 사용되기도 한다. 미콘의 콘크리트 바닥재Fco 브랜드인 미크리트, 규사와 수지로 만들어진 콘플로어 제품도 곧잘 쓰인다. 실제로 집 안에 반려동물이 있는 경우라면 추천하는 편이다. 가격과 같은 현실적인 조건 때문에 사용 빈도는 아직 적은 편이지만 코르크에도 관심이 있다. 분명 과거에 비해 제품이 다양해지긴 했는데, 한편으로는 과거에 쓰이던 좋은 제품이 사라져 아쉽다. 종이장판은 과거에 온돌 난방을 할 때는 뜨거운 부분이 그을리는 등 문제가 있었다. 온수로 난방을 하는 지금은 그런 문제가 발생하지 않는다. 하지만 구하고 싶어도 생산하는 업체가 별로 없어 사용하기 쉽지 않다. 실제로 성주 팔랑개비집(2014)의 방 하나를 종이장판으로 했다. 특유의 감촉이 좋아 건축주의 만족도가 높다.

갑 앞서 말한 종이장판처럼, 다양한 소재의 사용을 시도하는 것 같다.
김 사실 거실은 타일이나 석재Fst, 방은 마루 아니면 PVC 계열이 전형이다. 선택의 여지가 별로 없는 편이다. 현관에 가장 많이 쓰는 재료는 멀바우나 이페 등 하드우드 계열이나 마천석 혹은 타일이다. 콘크리트에 에폭시처럼 바닥에 코팅을 하는 방법은 보통 AV 룸, 지하실에 쓰는 정도다. 외부 중정은 대부분 잔디, 데크재, 벽돌, 석재를 사용한다. 미크리트나 에폭시는 비나 눈이 올 때 미끄러워서 지양하는 편이다. 한편 한국 욕실에는 타일 일변도인데, 일본에는 UBRUnit Bathroom이라고 해서 이음매 없이 천장부터 벽과 바닥까지 하나로 구성된 욕실이 많다. 가장 쉽게 KTX 내 화장실에서 찾을 수 있다. 유리섬유강화플라스틱FRP, Fiber Reinforced Plastics 같은 일종의 합성수지 계열의 소재를 이용하는데 점검구도 있고,

성주 팔랑개비집(2014)은 방 하나를 종이 장판으로 마감했다.

Space and Flooring

❷ 제천 유소헌(2016)은 폐교에서 가져온 마루를 가공해 작업 공간에 사용했다.

충청북도 제천에 위치한 유소헌

색상이나 디자인을 자유롭게 할 수 있다. 한국에도 도입되면 좋을 것 같아 일본 공장에 찾아가서 답사도 하며 준비 중이다.

갑 바닥재의 트렌드 변화가 있나?
김 합판에 원목을 붙인 마루가 아니라 순수한 원목으로만 이루어진 원목 바닥재에 대한 요구도 점차 생겨나지 않을까 싶다. 개인적으로도 한번 시도해보고 싶다. 일본에는 유치원에도 이 제품이 많다. 나무는 얼마든지 응용할 수 있다. 전체를 나무로 하는 게 힘들다면 부분적으로 이용하는 것도 가능하다. 일부분에 사용하는 것만으로도 따뜻한 느낌을 줄 수 있다. 가령 자작나무를 가구이자 평상 같은 개념으로 사용할 수 있다. 운중동 도시채(2016)의 아이들 방에 자작나무로 단을 띄워 포인트를 준 것처럼 말이다. 표면 마감은 수성페인트를 발라야 한다. 표면 처리만 잘하면 낙엽송 합판도 쓸 수 있다. 베니어 합판도 표면 처리를 잘했더니 아름답다.

정리 김종오

운중동 도시채

설계	김창균
위치	경기도 성남시 분당구 운중동
대지면적	235.3㎡
연면적	294.79㎡
규모	지하 1층, 지상 2층
구조	철근콘크리트+경골목구조
마감	치장벽돌, 컬러강판
완공	2016년 6월
사진	노경

제천 유소헌

설계	김창균
위치	충청북도 제천시 수산면 적곡리
대지면적	1,434㎡
연면적	184.42㎡
규모	지상 1층
구조	경량목구조
마감	스타코플렉스, 시멘트벽돌, 컬러강판
완공	2016년 2월
사진	김용순

제주 소소헌

설계	김창균
위치	제주시 애월읍 구엄리
대지면적	565㎡
연면적	137.61㎡
규모	지상 2층
구조	철근콘크리트
마감	제주석붙임, 스타코플렉스, 컬러강판
완공	2015년 12월
사진	진효숙

① 운중동 도시채(2016)는 자작나무로 단을 띄워 평상처럼 만들었다.

사용한 바닥재

운중동 도시채
① 원목마루 | ECO EB-224(골든오크)
    규격 10x125x900mm
    제조사(유통사) Nite

제천 유소헌
② 대청마루 | 폐교의 학교마루 재활용
③ 강마루
    제조사 구정마루

제주 소소헌
④ 강마루
    규격 10x100x400mm
    제조사 구정마루

Case of Flooring 2
어린이나 노인을 위한 안전한 공간

어린이나 노인을 위한 공간은 보호와 안전이 중요하다. 이곳의 바닥재를
고를 때는 어떤 점을 고려해야 하고, 어떤 종류의 제품이 적합한지 알아본다.

고려 요소 안전 > 친환경 > 유지관리

노유자시설은 아동이나 노인 등 보호가 필요한 약자가 주로 이용하는 건물이다. 따라서 다른 시설에 비하여 안전에 더 신경쓴다. 바닥재의 안전은 표면 재질의 **마찰저항**과 **자재의 물성**, 두께에 따른 **충격흡수** 등에 따라 달라진다. 미끄럽지 않고 적당한 탄성회복력이 있어야 쉽게 넘어지거나 다치지 않는다.

두 번째로 **친환경** 자재를 사용해야 한다. 포름알데히드 방출이 없는 친환경 인증이 필요하고, 시공할 때 사용하는 접착제 역시 인체에 무해한 전용 접착제를 사용한다. 어린이집은 준공 이후 인가 과정에서 환경안전검사를 받는데 마감재에 의한 중금속 방출량 등을 현장에서 측정하고 일부 자재는 시험을 통해 기준을 충족해야 한다.

다른 고려 요소는 **유지관리**가 있는데, 내구성과 유지보수의 용이함 등이다. 자재의 마모 등급이나 눌림에 대한 저항성 등을 미리 확인해 발생할 수 있는 하자나 변형을 점검하고 오염에 대한 청소, 보수 방법 등도 고려한다. 노유자시설은 주택과 마찬가지로 바닥난방을 주로 하므로 열효율성이나 열저항력에 문제가 없는 자재인지도 확인한다. 바닥재는 소방 관련 법규에서 실내장식물로 분류하지 않아 방염 대상 물품은 아니지만, 내화 등급이나 난연 성능을 확인하는 것이 좋다.

추천 바닥재 비닐 바닥재, 목재 바닥재

비닐Evn, 목재Fwo

요즘 어린이가 있는 가정에서는 강화마루Fwo03나 타일Fti 등의 딱딱한 바닥재 위에 층간소음이나 안전을 고려하여 두꺼운 매트를 놓고 지내는 경우가 많다. 주거 공간의 기본 바닥마감은 어린이에 대한 배려를 기능적으로 충족하지 못하고 있다. 어린이의 생활 공간은 기본적으로 맨발과 좌식 생활이 특징이다. 따라서 부드럽고 탄력이 있는 바닥재를 먼저 고려한다. 바닥재의 푹신함이라는 특성은 넘어지거나 떨어졌을 때 위험하지 않은 쿠션감과 보행이나 활동을 방해하는 말랑함을 동시에 가지고 있어서 공간의 성격에 따라 적절한 수준의 재질감과 두께를 결정하는 것이 중요하다.

발에 닿는 촉감이 따뜻하고 편안한 카펫타일.

Interview 2

안전하게 뛰어놀 수 있는
바탕 만들기

인터뷰 심영규

분당 동쪽 끝자락에 들어선 네이버 이매어린이집은 정원 300명으로 국내 최대 규모다. 20%의 건폐율로 제한된 자연녹지지역이라는 대지의 특성은 설계 초기엔 장애요소가 됐지만, 결과적으로 새로운 개념으로 디자인할 수 있었다. 넓은 마당을 배치했고, 경사면을 이용해 주차장과 보육실을 다른 층으로 구분하면서 안전한 놀이마당을 뒀다. 결과적으로 도심의 어린이집과는 비교할 수 없는 자연환경을 누릴 수 있다. 실내외에서 어린이들이 안전하게 뛰어놀 수 있는 이곳에는 어떤 바닥재가 사용됐을까?

임영환, 김선현
디림건축사사무소 공동대표

디림건축사사무소는 홍익대학교 건축학부 교수인 임영환 대표가 디자인 총괄을, 미국 하버드에서 프로젝트매니지먼트를 전공한 김선현 대표가 프로젝트의 운영을 책임지는 파트너십으로 운영된다. 지속 가능한 미래를 위해 기술과 반기술, 지역성과 보편성과 같은 이중적이고 모순된 질문들을 통해 생산적이고 창의적인 건축적 해답을 찾으려 노력한다. 주요작품으로는 안중근기념관, CJ나인브릿지더포럼, 스타덤엔터테인먼트사옥, 쉬즈메디병원, 새로남중등센터 등이 있으며, 한국건축문화대상, 한국건축가협회상, 서울시건축상 최우수상, 경기도건축상, 젊은 건축가상, 김수근건축상 프리뷰상 등 상을 다수 받았다.

❶, ❷
네이버 이매어린이집(2017)은 공간의 성격에 따라 다른 두께와 색상의 비닐 바닥재를 사용했다.

네이버 이매어린이집은 규모가 크고 연령별로 여러 개의 교실이 있어 평단면 상의 배치 계획부터 다르게 적용했다.

감씨(감) 전주 풍납초등학교의 교실을 놀이터로 바꾸는 작업을 비롯해 새싹어린이집, 도담어린이집, 네이버 이매어린이집까지 아이들이 주로 생활하는 공간을 많이 작업했다. 아이들이 생활한다는 점에서 다른 공간과 구조에서 마감까지 차이가 있을 것 같다.

임영환(임) 어린이집은 0세부터 5세까지 해당하고, 그 안에서 0~2세를 영아, 3~5세를 유아로 분류한다. 새싹과 도담어린이집은 규모가 작은 국공립어린이집으로 연령별로 1개씩 보육실을 계획했기 때문에 세부 요소를 고려할 수 있는 조건이 아니었다. 반면 이매어린이집은 규모가 크고 연령별로 여러 개의 교실이 있어 평단면상의 배치 계획부터 다르게 적용했다. 예를 들어, 영아 보육실은 지층에 접한 가장 아래층에 배치하고 계단 사용에 어려움이 없는 유아 보육실은 상부층에 뒀다.

이매어린이집은 인원수와 연령에 따라 교실을 비롯해 내부 공간의 크기가 달라진다. 학급은 0세, 1~2세, 3~4세, 5세 반으로 나뉘며 연령별로 붙박이 가구의 종류와 수량을 조절하고 세세하게는 세면대 높이까지 다르게 계획했다. 또 성장할수록 학습용 도구와 자료가 많아져 수납공간이 더 많이 필요해 연령대에 따라 기본 면적 기준이 달라진다.

감 어린이집은 안전을 위해 바닥재 선택에 많은 고민이 필요하다. 중점적으로 고려한 부분은?

임 새싹과 도담어린이집은 마모륨을, 이매어린이집은 PVC 바닥재를 교실, 다목적실, 복도에 깔았다. 이 제품을 선택한 건 색상 때문이다. 네이버 내부의 설계팀이 다양한 이미지나 시공 사례를 주기도 했다. 우리가 설계 단계에서 색채 계획을 어느 정도 하긴 했지만, 시공 과정 중에 현장에서 선택했다. 기본적으로 PVC 제품 중에 기능상 큰 문제가 있는 제품은 없다. 시중에서 많이 사용되고 이미 어느 정도 검증이 되었기 때문이다. 대신에 디자인과 비용 대비

❶ ❷
복도는 데크와 텃밭의 색에 맞춰 노란색 PVC 바닥재를 사용했다.

Space and Flooring

③
도담어린이집(2014)의 교실, 다목적실, 복도 바닥에는 네덜란드 포보사의 마모륨을 사용했다.

서울시 금천구에 위치한 도담어린이집

품질을 중요하게 고려한다.

갑 실제 제품을 사용하면서 각 부분에 따라 어떻게 적용했나?

임 이매어린이집에 사용한 바닥재는 국산보다 1.5배 정도 비쌌지만, 성능이 우수했다. 수입품이라고 해도 충분히 견본을 볼 수 있었고, 900×900mm 규격의 제품으로 현장에 맞춰보며 재차 검증했다. 아이들이 보통 맨발로 생활하기 때문에 사전에 테스트를 했다. 색상과 두께는 연령에 따라 구분하기보다 공간의 성격에 따라 달리했다. 보육실은 편안하고 차분한 베이지 계열로 통일하고, 보육실이 배치된 4개 층의 공용 공간은 각기 다른 네 가지 원색으로 정했다.

계획 초반에 바닥만 원색으로 색상을 다양하고 선명하게 하자고 얘기가 나왔다. 맨 아래층은 주변의 잔디와 조화를 이루도록 녹색 계열로 정했고, 그 위에는 텃밭과 데크가 많아 노랑 계열로 했다. 맨 위층은 아무래도 하늘과 가장 맞닿아 있어 파랑 계열로 했다. 또한 복도 및 실내놀이터 등 활동이 많은 공간은 3.35mm 시트Fvn01 하부에 스포츠용 6mm 매트를 추가로 설치해 안전한 놀이 활동을 배려했다.

맨 아래층에 있는 교사실 바닥도 원생들이 사용하는 공간에 쓰인 바닥재랑 같은 것으로 하려고 했는데, 책상이나 기타 자재를 오래 두면 상처가 생길 수 있다고 판단해 비닐타일Fvn02로 변경했다.

갑 민간과 국공립 어린이집에 사용한 바닥재도 다르다. 요구 사항은 각각 무엇이었고, 어떤 제약이 있었나?

임 사실 국공립과 민간의 요구 사항엔 큰 차이가 없다. 건강하며 안전하고, 유지관리가 쉬운 자재를 원하는 것은 마찬가지다. 다만 규모와 예산에 따른 제약이 다르다. 국산 비닐계 시트나 장판류는 품질과 색상이 다양하지 않아 해외 제품을 검토했고 새싹과 도담어린이집은 네덜란드 포보Forbo사의 마모륨, 이매어린이집은 프랑스 저플로Gerflor사의 제품 Taralay Impression Comfort를 사용했다. 국공립은 발주처에 따라 관급자재라 불리는 조달청 등록제품을 적용해야 하는데 규모나 단가에 따라 사급자재도 사용할 수 있다. 다만

❹
새싹어린이집(2015)의 복도에는 편안하고 차분한 베이지 계열의 마모륨을, 화장실에는 녹색 계열의 타일을 사용했다.

Space and Flooring

서울시 금천구에 위치한 새싹어린이집.
어린이집은 다른 용도의 건축물보다
건축가의 경험과 노하우가 프로젝트에
크게 작용한다.

국공립은 예산의 제약 때문에 두께를 2mm로 통일할 수밖에 없었고, 비슷한 다른 자재보다 조금 딱딱한 느낌이 있다. 반면 예산의 여유가 있는 이매어린이집은 스포츠 매트를 전문으로 취급하는 회사의 비닐계 시트를 적용할 수 있어 3.35, 6mm 자재를 용도에 따라 다르게 썼다. 색상이나 패턴도 다양해 디자인 의도를 표현하기에 용이했다. 마모륨보다 조금 더 부드럽고 미세한 요철이 있어 미끄럼 방지에도 도움이 되고 표면에 항곰팡이와 항박테리아 처리가 되어 있다.

감 실내뿐 아니라 다양한 바닥재를 사용했다. 공간별로 구체적인 차이점(강도, 친환경, 안전 등)이 무엇인가?

임 기본적으로 바닥재는 안전, 친환경, 내구성 등을 고려하여 검증된 제품을 사용해야 한다. 규모나 작업 시기와는 별개로 주어진 조건에 가장 적합한 자재를 선정하므로 특별한 차이점은 없다. 이매어린이집의 경우 자연녹지지역에 위치하고 외부 공간이 다양하다. 데크, 타일Fti, 석재Fst, 잔디, 모래, 천연 고무칩 포장 등 다양한 재료를 사용했다. 데크는 유지관리가 쉬운 인조합성목재를 클립형으로 시공하고 타일이나 석재도 현장에서 견본을 확인하고 미끄럼 문제가 없는지 표면 상태를 고려해 버너구이 혹은 잔다듬 같은 표현 가공을 했다. 외부 놀이터의 잔디나 모래, 천연 고무칩 포장은 인체에 무해한 자연 그대로의 외부 환경을 조성하는 것을 기준으로 선정했다.

감 설계 전 아이를 가진 부모 등 예비 이용자와 FGI Focus Group Interview를 진행했는지?

임 이매어린이집은 네이버에서 푸르니에 위탁 운영한다. 설계 초기 단계부터 네이버의 건축팀과 운영팀, 그리고 푸르니의 건축팀과 운영팀이 모여 회의를 진행했다. 또 시행착오를 줄이기 위해 네이버와 푸르니에서 운영하는 기존 어린이집을 직접 방문하고 비슷한 규모의 어린이집을 답사했다. 어린이집은 다른 용도의 건축물에 비해 건축가의 경험이 프로젝트의 성패에 큰 영향을 끼친다. 실제 사용자와의 협의 과정보다 건축가의 경험치에 따라 많은 부분이 결정된다. 반면 이전의 국공립 어린이집은 규모도 작고 용도에 대한 세세한 요구사항이 많지 않았다. 오히려 대지의 여건이 열악하다 보니 이것을 해결하는 데 많은 시간을 할애했고 나머지는 경험과 노하우에 따라 결정했다.

정리 김종오

네이버 이매어린이집
설계	임영환+김선현(디림건축사사무소)
위치	경기도 성남시 분당구 이매동
대지면적	4,138㎡
연면적	5,356.44㎡
규모	지상 3층, 지하 2층
구조	철근콘크리트
마감	콘크리트벽돌
	THK24일면반강화로이복층유리
완공	2017년 1월
사진	윤준환

새싹어린이집(시흥3동어린이집)
설계	임영환+김선현(디림건축사사무소)
위치	서울시 금천구 시흥동
대지면적	515.4㎡
연면적	452.33㎡
규모	지상 2층
구조	철근콘크리트
마감	송판노출콘크리트, STO(외단열시스템)
완공	2015년 2월
사진	박영채

도담어린이집(신시흥어린이집)
설계	임영환+김선현(디림건축사사무소)
위치	서울시 금천구 시흥동
대지면적	373.6㎡
연면적	397.81㎡
규모	지상 2층
구조	철근콘크리트
마감	STO(외단열시스템), 석재, 티타늄아연판
완공	2014년 7월
사진	박영채

사용한 바닥재
네이버 이매어린이집

❶ PVC 바닥재 | GERFLOR diversion
  규격 3.5mmx2mx25m
  제조사 GERFLOR
  유통사 피오엔터프라이즈

❷ PVC 바닥재 | Teraflex sports M evolution
  규격 6mmx1.5mx20m
  제조사 GERFLOR
  유통사 피오엔터프라이즈

도담어린이집

❸ 마모륨
  규격 2mmx2mx32m
  제조사 FORBO
  유통사 한국마모륨

새싹어린이집

❹ 마모륨
  규격 2mmx2mx32m
  제조사 FORBO
  유통사 한국마모륨

Space and Flooring

Case of Flooring 3
통행량이 많고 다양한 사람이 찾는 공간

글 심영규

상업 공간은 다양한 사람들이 끊임없이 드나들며, 디자인이 자유롭게 가능한 곳이다. 이곳의 바닥재를 고를 때는 어떤 점을 고려해야 하고, 어떤 종류의 바닥이 적합한지 알아본다.

고려 요소 내구성 > 디자인 > 유지관리

바닥은 벽처럼 바로 눈에 띄지는 않지만 은근하게 공간의 분위기를 주도한다. 어떤 패턴과 색상의 제품을 선택하는지에 따라 공간의 분위기가 바뀐다. 최근 DIY나 셀프 인테리어에 대한 관심이 늘어나며 시장이 점점 더 다양해진다. 상업 공간은 불특정 다수의 사람들이 이용하기 때문에 **내구성**이 가장 중요하다. 바닥난방이 적용되지 않는 상업 공간은 소재를 자유롭게 선정할 수 있어 선택의 폭이 넓다. 그러므로 공간의 분위기나 상품에 어울리는 **소재**, **질감**, **색상**을 고려한다. 바닥재의 톤을 조절하여 실제보다 넓거나 좁아 보이게 하기도 하고, 채광의 정도에 따라 더 화사한 공간을 원한다면 밝은 색상을, 밝은 분위기가 싫다면 어두운 색상의 바닥재를 사용하여 공간을 조절할 수 있다.

추천 바닥재 콘크리트 바닥재, 비닐타일(PVC타일, 데코타일), 럭셔리비닐타일

❶ 비닐타일(PVC타일, P타일, 데코타일) Fvn02

비닐타일은 PVC 원료에 가소제와 첨가제를 넣어 단단하게 한 뒤, 안료로 패턴을 입혀 타일처럼 만든 것이다(p.31 참고). 대리석 Fst01이나 목재 Fwo처럼 천연재료의 질감을 입히는 것도 가능해 인테리어에 다양하게 활용한다. 그중에서도 나뭇결이 새겨진 것은 가격이 저렴하고 관리가 쉬워 원목 대용으로 많이 사용된다. 또 비닐타일은 표면이 단단해 긁히거나 흠이 생길 확률이 낮다. 하지만 완충력이 떨어져 보행감이 좋지 않고 온도변화가 심하면 변형이 생겨 사이가 벌어지거나 들뜰 수 있어 주로 사무용, 상업용으로 쓰인다.

❷ 럭셔리비닐타일 Fvn03

국내에서 비닐 바닥재는 저렴하지만 품질도 떨어진다는 인식이 있다. 이러한 한계를 극복하고자 새로 만든 카테고리가 럭셔리비닐타일Luxury Vinyl Tile이다. 기존 비닐타일은 온도 변화 때문에 수축, 팽창이 발생하는데 LVT는 EMTEco-Multi-Tecture™ 코어 멀티레이어 기술로 치수안정성이 매우 좋다. 일부 제품은 접착제를 쓰지 않고 끼워 맞추는 클릭 방식으로 소비자가 직접 시공하는 것도 가능하다. 기존 비닐시트Fvn01와 비교하면 가격대는 20~30% 정도 비싸지만 뛰어난 품질과 함께 다양한 디자인을 구현할 수 있는 장점이 있다(p.124 참고).

비닐타일은 가격이 저렴하면서 여러가지 디자인이 있어 인테리어에 다양하게 활용할 수 있다.

Space and Flooring

카페나 레스토랑은 분위기가 중요하므로 바닥재의 디자인을 중요하게 생각한다.
사진은 콘크리트 노출로 마감된 카페 내부.

최근에는 바닥에 모자이크타일을 사용하는 등 일반적이지 않은 시공 사례가 늘고 있다.

럭셔리비닐타일은 무늬는 물론 천연재료처럼
질감을 입히는 것도 가능하다.

녹수 서울 디자인 센터의 바닥에 사용된 럭셔리비닐타일은 표면에 목재의 무늬대로 엠보스까지 더해 마치 진짜 목재처럼 느껴진다.

선택 기준

상업 공간은 디자인이 중요하다. 카페나 레스토랑은 분위기가 중요하므로 어떤 재료를 어떻게 시공하느냐가 관건이다. 최근 카페 바닥에 모자이크타일 Fti02 을 시공하거나 콘크리트 노출을 하는 등 일반적이지 않은 시공이 늘고 있다. 비일상적인 공간 분위기를 연출하기 위해서다.

다양한 비닐타일이 경쟁처럼 쏟아지고 있는 상황에서 단연 돋보이는 제품은 럭셔리비닐타일이다. 인쇄지를 보호하는 상지층의 두께를 두껍게 해서 내구성을 높여 통행량이 많은 공항에도 쓸 수 있다. 대신 럭셔리비닐타일은 일반 비닐타일에 비해 고가이다. 직물 느낌의 고급스러운 바닥재인 룸플러스는 가격이 일반 비닐타일보다 3배 이상 높아 소량으로 판매하며 주로 병원의 라운지나 사옥의 접대 공간에 많이 사용한다.

Interview 3
제한된 조건에서 최선의 결과를 만들다

인터뷰 심영규

숙박시설은 다양한 사람이 이용하는 만큼, 각기 다른 눈높이를 동시에 충족시켜야 한다. 부족해서도 안 되고 지나쳐서도 안 된다. 이에 더해 넓지 않은 공간에 모든 기능이 들어가야 한다. 많은 사람이 오가는 만큼, 유지관리와 내구성에 대한 고려 또한 필수적이다. 기능의 충족, 형태의 아름다움, 유지관리의 편의성, 이 모두를 빠짐없이 갖춘 인테리어가 필요한 이유다.

임승모
SML 건축사사무소 대표

경희대학교 건축공학과를 졸업하고, 창조건축과 매스스터디스에서 실무 경험을 쌓았다. 이후 SML을 개소해 'Form Follows Possibility'라 믿으며 건축, 인테리어, 가구 디자인부터 건축의 경계를 넘나드는 다양한 작업을 진행하고 있다. 2016년 'Golden A' Design Award', 2017년 'American Architecture Prize'를 수상하였다.

❸, ❹
퓨어 크리스탈(2013)은 바닥에 흑과 백, 두 가지 타일을 사용했다.

❶
리베르 탱고(2015)는 재료에 차이를 주어 공간을 구분했다.

감씨(감) 객실을 디자인할 때 중요하게 고려해야 하는 부분은 무엇인가?
임승모(임) 감성적인 부분을 고려하는 게 중요하다. 숙박시설은 잠을 자고 편안한 휴식을 취하는 공간이기 때문이다. 그러나 최근에는 호텔을 이용하는 방법이 달라지고 있다. 예전에는 휴식이 목적이기에 편안하고 안락한 느낌의 카펫Fca을 많이 시공했다. 요즘에는 비즈니스 호텔이나 부티크 호텔에서 친구들과 모여 파티나 모임을 하거나, 홈쇼핑 등 업체가 사진 촬영을 위한 임대 스튜디오로 활용하기도 한다. 이용 방식과 목적이 다양해지면서 자연스럽게 이전에는 볼 수 없던 형태의 공간이 늘어난다. 고상하고 안락한 장소에서 벗어나 다양한 취향과 욕구에 맞춘 다채로운 콘셉트의 호텔이 등장하고 있다. 호텔 더 디자이너스 또한 객실마다 각기 다른 콘셉트를 갖고 있다 보니 다양한 소재를 사용할 수 있었다.

감 호텔 더 디자이너스의 여러 객실을 작업하면서 다양한 바닥재를 사용했다.
임 종로점의 퓨어 크리스탈(2013), 인천점의 라운지 17(2014), 강남점의 리베르 탱고(2015), DDP점의 라라랜드(2017), 프리미어 건대점의 라임 플레이버(2018)를 디자인했다. 종로점 객실에는 타일만 사용했다. 흑과 백, 두 가지 타일이다. 인천점에는 목재Fwo와 에폭시를, 욕실에는 타일Ftl을 썼다. 강남점에는 처음부터 좀 더 강하게 개성을 드러내고자 흰색 타일과 검정에 가까운 진한 회색 타일을 사용했다.

감 욕실뿐 아니라 객실 전반에 타일을 많이 사용했다.
임 공간의 분위기에 맞는 색상과 재료를 표현해야 하는데 그러한 고민 중에 타일을 선택했다고 볼 수 있다. 또 다른 이유는 유지관리다. 형태가 잘 나오는 동시에 기능도 훌륭하다. 공간 분위기의 연출과 유지관리의 편의성, 타일은 그 접점에 있다. 최근에는 디자인이 다양해 선택의 폭도 넓다. 고급호텔 바닥에는 카펫이 많은데, 아무래도 유지관리 비용이 많이 들고 이용자들도 조심해야 한다. 반면 타일은 비용이 저렴하고 유지관리가 편하다. 그리고 여러 사람이 이용하는 시설이라 내구성이 무척 중요하다. 유일한 단점이라면 발소리를 줄이지 못하는 것이다.

감 숙박시설을 작업할 때 어려운 점이 있다면?
임 비즈니스 호텔은 한정된 평면의 공간이다. 그 안에 여러 가지 기능이 모두 들어가야 한다. 침실, 물을 쓰는 화장실, 옷을 입고 매무새를 다듬는 파우더룸이 있어야 한다. 간단한 음식을 먹을 수 있도록 테이블과 의자도 필요하다. 이 모든 걸 한 공간 안에 구현해야 한다는 것이 어렵다. 하지만 다양한 시도를 할 수 있다. 예를 들어, 리베르 탱고에는 일종의 전실前室을 마련했다. 복도에서 들어가자마자 마주치는 장소인데, 벽면은 스테인리스 스틸로, 바닥은 흰색 타일로, 천장은 조명을 비치는 재료로 덮어 빛이 퍼지는 광천장으로 계획하여 내부 객실과 의도적으로 구분했다.

정리 김종오

리베르 탱고(호텔 더디자이너스 강남 1706)
설계 SML(임승모)
위치 서울시 강남구 논현동
면적 41.36㎡
마감 스테인레스 스틸(헤어라인)
    비닐페인트, 하이막스, 타일
완공 2015년 11월
사진 신경섭

라운지 17(호텔 더디자이너스 인천 1801)
설계 SML(임승모)
위치 인천광역시 남동구 구월동
면적 67.61㎡
마감 원목마루, 에폭시 도장, 모자이크타일
    벽돌, 하이막스
완공 2014년 9월
사진 임승모

퓨어 크리스탈(호텔 더디자이너스 종로 201)
설계 SML(임승모)
위치 서울시 종로구 관수동
면적 31.31㎡
마감 비닐페인트, 하이막스, 타일
완공 2013년 11월
사진 임승모

사용한 바닥재
리베르 탱고
❶ 타일 | 60173 china charmagres
   규격 600×600mm
   제조사 China Charmagres
   유통사 두진세라믹
라운지 17
❷ 원목마루 | SGW10-103
   규격 10×125×1,200mm
   제조사 주식회사 성원
퓨어 크리스탈
❸ 타일 | 수퍼블랙폴리싱
   규격 600×300mm
   제조사 China Charmagres
   유통사 두진세라믹
❹ 타일 | 수퍼화이트폴리싱
   규격 600×300mm
   제조사 China Charmagres
   유통사 두진세라믹

Space and Flooring

Case of Flooring 4
집중력과 능률을 높여주는 공간

글 심영규

여러 명이 집중해서 일하는 업무 공간은 효율과 능률이 최우선이다. 이곳의 바닥재를 고를 때는 어떤 점을 고려해야 하고, 어떤 종류의 제품이 적합한지 알아본다.

고려 요소 경제성 > 내구성 > 효율성

업무 공간은 주거와 성격이 정반대다. 잠을 자거나 거주하는 공간이 아니기 때문에 제한된 **비용** 안에서 최대의 효율을 내야 한다. 디자인을 비롯해 재료 사용의 스펙트럼이 넓지 않은 이유다.

모든 공간의 바닥재가 마찬가지이지만 사무실의 특성은 얼마나 방습, 방수가 잘 되느냐의 **내구성**이 기본이다. 또한 업무의 **효율**을 위해 바닥에 떠 있는 구조인 액세스플로어를 많이 쓴다. 이때 소음 방지가 중요해 카펫타일을 사용한다. 최근에는 내구성이 좋고 비용이 저렴한 콘크리트 도장이나 갈아내기 같은 테라조 terazzo를 많이 쓴다.

추천 바닥재 콘크리트 바닥재, 비닐타일, 카펫타일

❶ 콘크리트 바닥재 Fco

최근 상업 공간뿐 아니라 업무 공간에 가장 많이 쓰이는 바닥재다. 다른 바닥재와 달리 현장에서 완성되고 줄눈이 없어 한번에 넓은 면적을 시공할 수 있다. 또 미리 재단해서 크기를 나눌 필요가 없고 유동성이 있는 액체를 붓고 나면 원형이든 모서리가 많은 복잡한 평면이든, 표면에 그대로 밀착하기 때문에 내구성까지 우수하다. 콘크리트는 페인트보다 돌에 가까운 재료인데, 시공은 페인트처럼 모든 표면에, 어떤 형태든 가능하다. 단, 바탕면의 상태에 따라 영향을 많이 받아 하자가 있으면 마감에 그대로 이어진다.

콘크리트 바닥재는 그냥 사용하지 않고 거친 표면에 미장 plastering(『GARM 04 페인트』 p.78 참조)을 한다. 이때 여러 재료를 혼합하여 필요한 성능을 낸다. 비용을 절감하기 위해선 유동 재료를 표면에 타설하는 셀프레벨링 self leveling보다 콘크리트 자체를 갈아내는 연마를 많이 한다. 콘크리트 바닥재는 다양한 제품과 시공법이 있다. 접착면의 결로나 접착 불량으로 표면에 하자가 생기기도 하므로 수분이 침투하지 않도록 하는 전처리제 primer 작업에 신경 써야 한다.(p.110 참조).

미콘의 콘크리트 바닥재 제품인 미크리트 레벨링

TIP 콘크리트 미장
복합재인 미장재료는 결합재와 골재를 기본으로 하여 보강재와 혼화재료를 넣는다. 결합재는 물리적, 화학적으로 굳게 만드는 재료로 시멘트, 석고, 석회, 점토가 있다. 골재는 결합재의 수축과 균열을 보완하는 것으로, 자갈, 모래 등이 있다. 보강재는 마감재의 성질을 개선하고 혼화재료는 차음, 단열 등 다양한 성능을 낸다. 콘크리트 미장의 종류는 시멘트모르타르, 회반죽바름, 인조석바름, 합성고분자바름, 셀프레벨링, 바닥강화재바름 등이 있다.

콘크리트 갈기(연마) polishing, Fco01 흔히 '도끼다시', '도케다시', '도께다시' 등으로 불리는 것으로 일본어 도기다시(硏ぎ出し, とぎだし)에서 왔다. 이는 '갈아서 나타낸다'라는 뜻으로 일반적으로 건물의 바닥을 마무리할 때 시멘트와 돌을 혼합하여 칠한 후 건조가 되면 표면을 갈아서 무늬와 광택을 낸다. 반영구적이며, 평탄한 바닥을 만들기 쉽고, 불연재료로 안전하다. 재시공이나 리모델링이 쉽다는 것도 장점이다.

갈기의 종류는 건식갈기와 물갈기로 나뉜다. 건식갈기는 물을 사용하지 않아 물갈기에 비해 간편하고 안전하다. 하지만 일반적으로 물갈기를 3회를 하는 데 반해 건식갈기는 금속패드로 3회, 세라믹연마패드로 3회, 이렇게 기본이 6회다. 횟수가 늘어날수록

Space and Flooring

콘크리트 바닥재는 형태와 바탕면에 관계없이 시공하면 표면에 밀착한다.

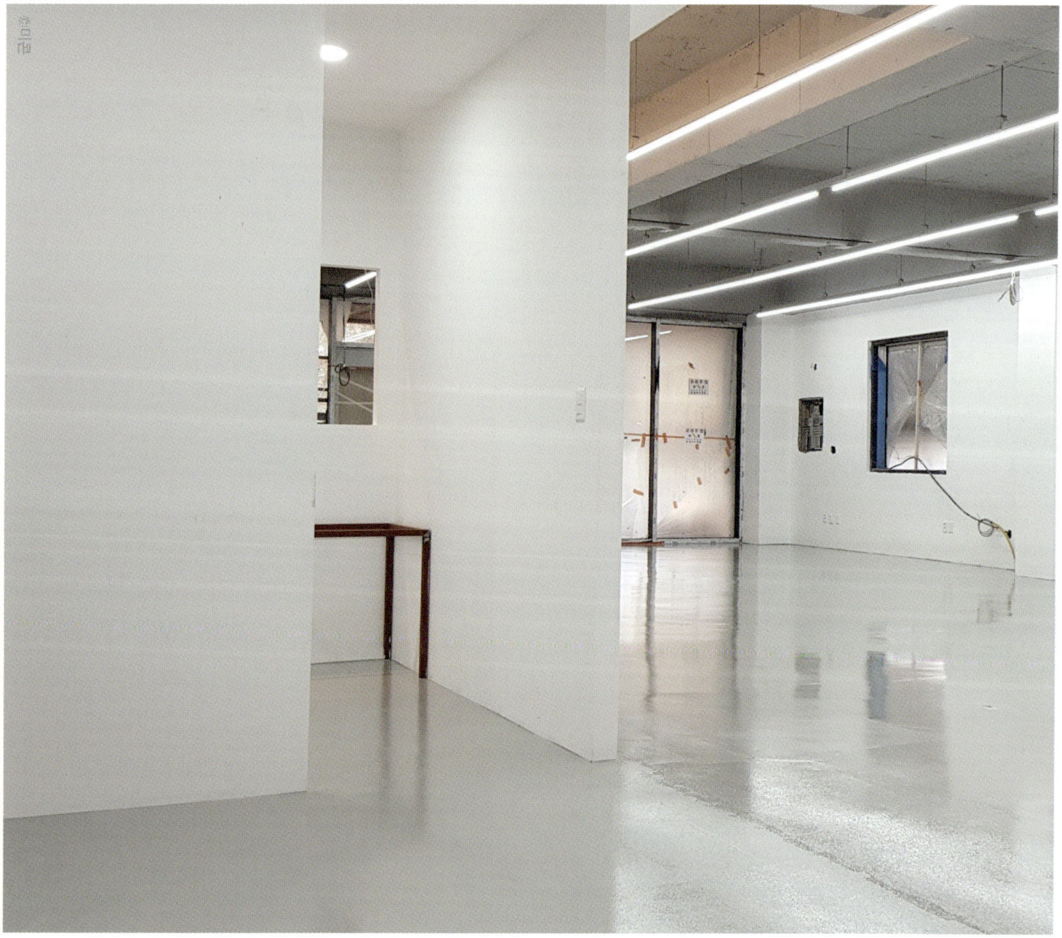

제품 디자인과 생산, 시공까지 함께하는 콘크리트 전문 기업 미콘의 현장 모습.
표면을 매끄럽게 처리해 콘크리트 고유의 질감이 느껴지도록 했다

시공비가 증가하지만 대리석Fst01 같은 매끄러운 질감을 내고 오염에 강해진다.

물갈기는 돌가루가 작은 구멍까지 메워 수분의 침투를 막기 때문에 방수에 유리하다. 가장 대표적인 것이 테라조다. 1980년대까지 고급 바닥 마감재로 많이 사용됐지만, 환경오염과 유해 성분 때문에 한동안 사용이 금지됐었다. 지금은 유해 성분이 없는 테라조 바닥재가 다양하게 사용된다.

마감 사전 작업인 표면 처리는 면갈이, 면처리라고도 하며 기존에 시공된 표면을 제거하고 정리하는 시공법이다. 표면을 고르게 하고 먼지나 불순물을 제거해 박리, 균열, 탈락, 들뜸 현상을 없앤다. 다이아몬드 공구로 거친 면을 제거하고 평탄하게 연마한다. 세 번 정도 갈아낸 후 침투성 강화제를 바른다(p.85 참고).

콘크리트 도장 Fco02 바닥 슬래브는 대부분 콘크리트다. 목재Fwo나 타일Fti, 석재Fst같이 마감재를 추가로 덧댈 필요없이 콘크리트면을 그대로 노출하고 에폭시나 표면강화제 등으로 처리하면 시공이 간편하고 경제적이다.

합성고분자 바닥재는 에폭시수지, 폴리에스테르, 폴리우레탄 같은 제품을 칠해 다양한 질감과 색상, 광택까지 조절할 수 있다. 방진성, 탄력성, 내수성, 내약품성 등이 요구되는 마감에 사용된다. 시공법은 얇게 바르는 코팅coating과 두껍게 바르는 라이닝lining이 있다. 이밖에도 합성수지 플러스터는 합성수지 에멀션, 탄산칼슘, 기타 충전재, 골재 안료 등을 넣은 것으로 경량 콘크리트 패널 등에 사용한다.

자동수평모르타르(셀프레벨링)self leveling은 유동 재료를 바탕 바닥에 흘리고 굳혀 수평면을 만드는 시공법이다. 퍼짐이 좋고 굳는 속도가 빨라 공사가 간편하고, 접착력과 강도가 좋아 비용이 절약되고 유지보수비가 적게 든다. 제품의 종류는 석고, 모래, 경화지연제, 유동화제를 혼합한 **석고 계열**과 시멘트, 모래, 분산제, 유동화제를 혼합한 **시멘트 계열**이 있다. 석고계는 물이 닿지 않는 실내에서만 사용한다. 시공할 때 합성수지 에멀션인 실러를 먼저 바른다는 것이 차이다.

바닥강화제Concrete Floor Hardener는 친환경 불연성 무기질 바닥재로, 보통 하드너라고 불린다. 에폭시나 우레탄페인트가 유기질인 반면 바닥강화제는 무기질 소재로 만들어 콘크리트 구조체와의 결합이 매우 강해져 내구성이 뛰어나다. 크게 분말형과 액상형으로 나뉜다. 분말형은 금강사, 규사, 광물성 골재, 시멘트 등을 섞어 만든 혼합재이며, 액상형은 규산염소다와 계면활성제를 재료로 만들어 콘크리트 표면에 침투한다. 제품이 다양하고 바탕 정리와 배합, 그리고 바르는 두께도 다르므로 제조사의 시방을 따라야 한다.

> **TIP 테라조**terazzo
> 테라조는 종석에 백색 시멘트를 혼합하고 안료를 충분히 넣어 굳힌 후 표면을 갈아낸 것이다. 현장 시공이지만 공장 생산도 가능하다. 계단바닥이나 창문의 하인방, 대규모로 들어가는 경우 공장에서 생산한 테라조를 사용한다.
> 백색 시멘트, 종석, 안료의 종류에 따라 디자인이 다양하다. 종석은 주로 대리석이나 화강석 등 크기가 큰 것을 사용한다.
> 바닥이 굳은 뒤에 돌알이 균일하게 나타나도록 숫돌로 갈고 청소한 뒤에 테라조와 같은 색의 시멘트풀로 문질러 바른다. 잔구멍을 메운 다음, 수산가루로 청소하고 왁스로 광을 내어 마무리한다.

❷ 이중바닥

액세스플로어access floor는 일반 바닥 위에 하부구조를 사용해 공간을 띄우고 배선장치가 가능한 금속 소재의 덕트나 패널을 넣은 뒤 마감하는 방법이다. 사무실같이 배선이 자주 변경되고 예측이 어려운 공간에서 주로 사용하며 바닥 표면이 고르지 못할 때 효과적이다. 패널은 주로 무기질, 목재, 강판 등의 금속이고 마감재는 전도성 타일이나 비닐Fvn02, 카펫타일을 사용한다. 반면 **OA플로어**는 액세스플로어와 달리 마감재 일체형이 아니라 나중에 후시공하는 방식이다. 이때 OA타일이나 카펫타일 등을 깐다. 카펫타일은 카펫을 타일 형태로 자른 것이다. 일반적으로 폴리프로필렌이나 나일론 소재를 사용하고 뒷면에 고무매트를 대고 접착해 타일이 미끄러지는 것을 방지한다. 보통 한 면의 크기가 450~1,000mm로 다양하게 제조된다. 타일 형태라 운송하거나 보관하기 쉽고, 조작과 설치도 간편하다. 크고 넓은 한 장의 롤로 깔던 기존의 방식과 비교하면 작은 면을 교체할 수 있어 관리가 편리하지만, 내구성이 약하고 쉽게 오염되기 때문에 지속적인 관리가 필요하다.

사무실처럼 배선이 자주 변경되고 예측 불가능한 공간에서는 이중바닥을 사용한다.

목재와 패브릭 질감의 럭셔리비닐타일을 조합해 포인트를 준 녹수 서울 디자인 센터의 업무 공간

콘크리트는 연마와 미장 작업을 통해 표면을 매끄럽고 평탄하게 다듬는다.

디자인 팁

사무 공간의 디자인 팁은 많지 않다. 스튜디오베이스의 전범진 공동대표는 "대부분의 업무 공간은 크게 특별할 게 없고 대신 회의 공간이나 복도, 휴식 공간에 포인트를 준다"며 구체적인 방법으로 "통행량이 많은 복도는 목재, 답답함을 느낄 수 있는 회의 공간은 외부와 같은 바닥재를 연결해 개방감을 주고, 휴식 공간에는 포인트로 일부에 러그를 깔듯이 잘라서 그 부분만 들어낸 다음, 그 위에 타일을 올린다"고 말한다. 그는 "얼마나 다양한 바닥재료를 사용하느냐보다 기존의 재료를 가지고 어떻게 충실하게 사용하는지가 중요하다. 같은 재료도 시공법을 살짝 바꿔서 다른 느낌을 내기도 한다"고 말한다.

TIP 콘크리트 연마공사 장비

콘크리트 표면을 깔끔하게 갈아내는 연마 작업에는 규모와 연마 정도에 따라 여러 장비가 사용된다. 현장에서 흔히 뿌레카로 불리는 브레이커breaker는 파쇄기다. 압축공기나 유압의 힘으로 콘크리트를 부순다. 평삭기planer와 연삭기grinder는 강도가 높은 콘크리트, 아스팔트 바닥을 갈아내는 장비다. 바닥을 일정 두께만큼 깊이 깎아내야 하는 경우 평삭기를, 표면만 얇게 벗겨낼 때는 연삭기를 사용한다. 건식바닥 청소기는 콘크리트를 연마하는 과정에서 생기는 미세 분진과 먼지를 제거한다.

테라조에 사용되는 다양한 색과 크기의 종석

Space and Flooring

Interview 4

독창성이 아니라
독립성을 추구하다

인터뷰 심영규

"재료는 사실 뻔하죠", "제약 조건이 많아 업무 공간에서 바닥재가 다양하기는 힘들어요"라는 말이 그의 입에서 나왔을 때 잠시 귀를 의심했다. 공간의 경계를 넘나들며 목재, 카펫, 타일, 석재를 자유자재로 사용한 작업에 대한 이야기를 잔뜩 기대하고 온 터였는데, 보기 좋게 당했다. 그는 힘주어 말했다. 재료는 분위기를 만드는 역할의 차원에서 중요하지 그게 타일인지 석재인지는 크게 중요하지 않다고. 바닥재도 마찬가지다. 한참 동안 작업 이야기를 듣고 나서야 그의 말에 대한 궁금증이 풀렸다.

전범진
스튜디오베이스 공동대표

건국대학교 실내디자인학과를 졸업하고, 동 대학원 실내환경디자인 석사 과정을 거쳤다. 현재 스튜디오베이스에서 공동대표를, 건국대학교에서 디자인 조형대학 실내디자인학과 겸임교수를 맡고 있다. 2015-2016년 2년 연속 『월간 인테리어』에서 주관하는 한국인테리어디자인 베스트 어워드에서 명가명인상을 수상했다.

❷ 삼성동 소재의 외국계 회사(2017)는 복도에 원목마루를 사용해 업무 공간으로 들어가기 전
심리적으로 차분한 느낌을 주고자 했다.

삼성동 외국계 회사 내부 중 휴식과 업무가 이루어지는 공간이다. 편히 휴식을 취하는 공간은
바닥의 단을 띄워서 보다 적극적으로 공간의 차이를 부여했다.

의자 뒤에 칸막이, 책장 등을 이용해 의도적으로 공간을 구획하고, 공동 업무 공간과 개인 업무 공간을 구분했다.

감씨(감) 다양한 업무 공간을 디자인했다. 사무실에 대해 품고 있던 기존의 이미지에 뭔가 균열이 생긴 듯하다.

전범진(전) 업무 공간은 제약이 워낙 많은지라, 사실 디자인을 비롯해 재료 사용의 스펙트럼이 넓지 않다. 회사가 원하는 사무실의 스타일이 고정되어 있고, 그 외의 소재를 쓰려 해도 비용과 내구성 등 현실적인 조건을 고려해야 해서 그렇다. 그리고 본인 소유의 사옥인 경우도 있지만 대개는 임대를 하기 때문에 크게 투자를 하지 않는다. 여러모로 제한 사항이 많다.

감 제약이 많다고 했지만 삼성동 소재의 외국계 회사(2017)의 사무실은 무척 인상적이다.

전 내부 디자인부터 가구까지 모두 담당했다. 공동 업무 공간과 개인 업무 공간을 구분하고, 업무 특성상 각 장소에 따라 분위기를 달리하는 전이 공간에 대한 요구가 있었다. 의자 뒤에 칸막이, 책장 등을 이용해 의도적으로 공간을 구획했다. 주 업무 공간에 특히 이러한 점을 신경 썼다. 복도는 원목마루Fwo01를 사용해, 업무 공간으로 들어가기 전 심리적으로 차분한 느낌을 주고자 했다. 일반적인 사무 공간은 전기나 통신 시설을 위해 액세스플로어를 쓰는데 떠 있는 구조라 소음 방지가 중요하다. 그래서 업무 공간의 주요 바닥재로 카펫타일을 사용해 소음을 줄였다. 회의 공간은 디자인에 특히 신경 썼다. 개방적이지만 서로 눈이 마주치지 않게 작업했다. 바닥은 화강암Fst06으로 120mm 정도 단을 띄워서 차이를 두었다. 높이의 차이를 통해서 심리적인 차이를 만들어 내는 것이다. 높이의 차이가 위계를 의미하기도 하지만 한편으로는 서로 눈을 덜 마주치게 되어 보다 편안한 분위기를 줄 수 있다. 그리고 임직원의 평균 연령이 낮은 편이라 원목마루를 직선 방향만이 아니라 사선 방향으로 시공해서 역동적인 느낌이 들게 했다.

감 모팩스튜디오 사옥(2017) 작업은 어땠는지 궁금하다.

전 다른 회사의 본사였던 공간을 리모델링하는 작업이었다. 모팩스튜디오는 국내의 영화 CG 업체 중 가장 오래된 회사다. 현실에서 구현하기 힘든 것을 시각적으로 재현하는 그들의 모호하고 신비한 느낌을 공간에 담고자 했다. 이곳은 로비가 28m로 엄청나게 길다. 여기에 새로운 시도를 해보자고 이야기가 됐다. 이헌정 작가의 작업인 작은 돌멩이 모양의 도자기 2,000개를 만들어서 1,500개는 로비에 쓰고 500개는 1층에 썼다. 그리고 거기에 프랑스 화가 이브 클라인Yves Klein의 고유한 파란색이기도 한 '인터내셔널 클라인 블루International Klein Blue'를 입혔다.

로비의 바닥에는 파쇄석과 석재타일을 썼다. 석재가 이어지다가 부서진 듯한 모습의 파쇄석이 쌓여 있는 것을 연출하고자 했다. 그리고 끝부분은 흘러내리지 않게 에폭시로 고정했다. 회의실에는 타일Fti과 카펫Fca을 썼다. 카펫은 작품에 쓰인 파란색과 맞추기 위해 따로 염색했다.

감 사무 공간에 타일을 많이 썼는데, 타일 시공에서 어려운 점은 무엇인가.

전 예전에는 타일을 시공하는 방식이 수평을 잘 맞추고 줄눈 라인을 잘 잡는 정도였다. 물론 시공에 따라 품질이 달라진다. 소위 '함빠'라고 하는, 타일을 조각

❶ 모팩스튜디오 사옥의 회의실은 타일과 카펫을 사용했다. 카펫은 로비와 맞게 파란색으로 염색했다.

내서 맞추는 것도 중요했다. 그러나 점점 무의미해지고 있다. 특히 벽타일에 그런 일이 많이 생기는데, 가설등을 켜놓고 하다 보니 다 마치고 불을 켜고 보면 끝선이 안 맞는 경우도 있다. 요즘에는 타일을 일정한 간격으로 붙일 수 있도록 기준을 맞춰주는 줄눈간격제처럼 시공을 보완해 주고 작업을 보조하는 기능재가 많이 나온다.

갑 새로운 소재 개발을 하거나 새로 나온 소재를 즐겨 사용하는가.
전 예전에는 소재 개발에 신경도 많이 쓰고, 어떤 재료를 쓸까 많이 고민했다. 이제는 재료가 중요한 게 아니라 공간감이 중요하다는 생각이 든다. 피터 줌터^{Peter Zumthor}가 얘기했듯이, 분위기의 기운을 만드는 게 제일 중요하다. 소재는 본질적인 부분에 어우러지는 요소 중 하나일 뿐이지, 무슨 소재를 써서 특별하게 보이는 건 적어도 업무 공간에서는 별 의미가 없다고 생각한다. 특히나 벽은 밟지 않는 소재여서 다양한 의도를 넣고 변주를 시도할 수 있는데 바닥은 밟고 다니기 때문에 그런 부분에서 제한적이다.
요즘에는 소재를 직접 만들거나 기존의 소재를 사용하더라도 거기에 변화를 주고자 한다. 기성 제품을 쓰는 것보다 독립적인 방식이다. 가령 마루를 깔고 위에 에폭시를 붓는다면 투명하게 코팅된 소재 아래에 자연재가 보이는 것이지 않나. 판매되는 제품을 그대로 쓴다는 건 누구나 쓸 수 있다는 말과 같다. 독창성이 아니라 독립성을 갖고자 한다.

정리 김종오

모팩스튜디오 사옥
위치	서울시 서초구 방배동
면적	3,100㎡
마감	하드너, 타일, 도장, 원목마루, 석재(버너)
완공	2017년 8월
사진	박우진

삼성동 소재 외국계 회사
위치	서울시 강남구 삼성동
면적	4,464.5㎡
마감	원목마루, 타일, 도장, 콘크리트, 석재
완공	2017년 3월
사진	박우진

① 모팩스튜디오 사옥에 있는 28m의 긴 로비 바닥. 석재가 이어지다가 부서진 듯 파쇄석이 쌓여있는 것을 연출하고자 파쇄석과 석재타일을 썼다.

사용한 바닥재
모팩스튜디오 사옥
❶ 석재타일 | LB1010H20T
  규격   100×100×20mm
  유통사 윤현상재

삼성동 소재 외국계 회사
❷ 원목마루(오크) | GF 189 15
  규격   15×189×1,860mm
  유통사 TEKA KOREA

❸ 콘크리트 타일 | GARAGE TOFFEE
  규격   1,500×750mm
  유통사 윤현상재

❹ 롤카펫 | EVOLVE(99, 97, 93)
  유통사 유앤어스

❺ 카펫타일 | METALLIC(997)
  규격   7×500×500mm
  유통사 유앤어스

Space and Flooring

Special Feature: Ananti Cove

하나의 DNA를 가진 개성 있는 개별 공간: 아난티 코브

인터뷰 심영규

부산시 기장에 있는 아난티 코브는 힐튼 부산, 아난티 펜트하우스 해운대와 상업 공간인 아난티 타운 등이 모인 연면적 6만 평의 대규모 리조트다. 해안선을 따라 자연스럽게 위치해 바다를 향해 탁 트인 이곳은 2017년 여름 문을 연 이후 새로운 휴양 공간으로 사랑받고 있다. 호텔, 수영장, 상업 공간, 도서관, 레스토랑, 연회실, 온천 등 프라이빗하면서도 퍼블릭한 다양한 프로그램의 바닥재는 어떻게 설계했을까? 2001년부터 6년 동안 이곳의 건축과 인테리어 설계를 총괄한 SKM Architects의 민성진 대표를 만나 독특한 분위기와 장소성을 만드는 재료를 대하는 노하우를 들었다.

민성진
SKM Architects 대표

미국 남부캘리포니아대학교에서 건축학 학사, 하버드대학교 디자인대학원에서 도시디자인학 석사를 취득하고, 1995년 SKM Architects를 설립했다. 한국과 해외에서 규모 있고 주목 받는 프로젝트를 다수 수행했으며 최근 가장 활발하게 활동하는 건축가 중 한 명이다. 아난티 클럽 서울, 힐튼 남해 골프 & 스파 리조트, 서교 자이 주택 문화관, 파주 헤르만하우스, 금강산 아난티 리조트, 라오라오베이 호텔 등 실험성과 완성도를 갖춘 다수의 규모 있는 프로젝트를 디자인했다. 최근 아난티 펜트하우스 서울에 이어 아난티 펜트하우스 해운대, 힐튼 부산이 통합된 대규모 휴양 단지 아난티 코브를 완성했다.

아난티 코브 주차장 진입부의 콘크리트 바닥은 콘크리트 가루가 날리는 것을
막기 위해 별도의 표면 처리를 했다.

아난티 코브의 드롭존에는 회색 계열의 150×150mm 석재 타일을 사용했다.

감씨(감) 아난티 코브는 다양한 시설이 모인 대규모 공간이다. 이곳의 바닥재는 자연 재료인 목재Fwo와 석재Fst로 통일하고, 부분적으로 콘크리트Fco와 타일Fti을 더해 전체적으로 비슷한 분위기를 냈다.

민성진(민) 마루는 중국산 제품을 직접 고르고 평행하게 놓인 긴 목재 사이에 수직 방향으로 짧은 목재 널을 두는 '우물패턴'으로 배치했다. 폭은 200mm 정도로 일반 마루보다 넓어 편안한 느낌을 준다. 세로 패턴은 공간의 크기와 디자인 요소에 따라 한 줄, 혹은 두 줄로 디자인했다. 원래 목질이 단단한 티크를 선호하는데, 빛에 의한 가로세로 대비를 강하게 하기 위해 질감을 살린 참나무oak를 골랐다.

콘크리트 바닥은 테라조를 사용했다. 벽이나 천장에 무늬나 질감이 있는 재료를 쓰거나 디자인 요소가 있을 때 반대로 바닥은 줄눈이 없고 단순한 질감의 재료를 사용한다. 힐튼 부산 10층의 로비와 레스토랑 다모임, 채플에 사용했는데, 로비는 바닥을 단순하게 마무리하고 벽과 천장의 디자인 요소를 부각했고, 채플은 모든 디자인과 재료를 바다를 조망하는 데 집중할 수 있도록 계획했다. 타일은 석재의 느낌이 나는 제품으로 세 가지 패턴을 섞어 사용했다. 두겁석이나 커브 부분만 석재를 쓰고, 수영장처럼 물이 닿는 공간은 타일을 주로 사용했다. 반면 10층의 실내 수영장인 맥퀸즈 풀에는 물에 잘 견디는 목재인 이페도 함께 사용했다. 타일이 주는 차가움에 목재의 따뜻한 분위기를 대비시켰다.

감 바닥의 재료를 벽에 동일하게 사용한 것이 눈에 띈다. 벽이 바닥이 되기도 하고 바닥이 벽이 되기도 하면서 여러 공간이 하나로 느껴진다.

민 우리는 모든 프로젝트에서 건축과 인테리어를 함께 설계한다. 이렇게 해야만 훌륭한 공간을 만들 수 있다. 건축과 인테리어의 경계를 허물고 일체된 공간감을 만들려고 노력했다. 예를 들어 맥퀸즈 풀이나 다모임 레스토랑의 벽과 천장 디자인은 건축적이면서도 구조물 자체가 실내 인테리어의 중요한 요소가 된다.

감 대규모 프로젝트라 재료 수급과 선정, 다양한 재료를 사용하며 어려웠을 것이다.

민 건축 설계를 하는 동안 인테리어 재료를 선정하고 수급할 시간을 충분히 가졌다. 시공 단계에서 어려움 중 하나는 시공사와 재료 사용에 대한 조율이 잘 안 될 때이다. 재료 선정과 수급에 실패를 거듭하면 다급해진다. 작은 크기의 샘플만 보고 자재를 선정했다가 막상 시공했을 때 공간의 느낌이 계획했던 것과 달라지기도 한다. 미리 자재 공장 견학도 가고 제품도 충분히 수급했다.

일반적으로 바닥 공사는 마지막에 하기 때문에, 여러 재료를 쓰기가 더 어렵다. 레스토랑 다모임과 힐튼 부산의 로비에는 석재, 목재, 테라조, 타일 네 가지의 다른 재료가 섞여 있다. 테라조는 습식, 마루는 건식이라 시공법도 다르고, 재료마다 성질이나 두께가 달라 시공하기가 매우 까다롭다. 테라조, 석재, 타일, 목재 순으로 작업했고, 목재는 특히 물이 들어가면 안 되기 때문에 충분한 시간을 두고 건조한 뒤 마지막에 시공했다.

감 다른 재료가 만나는 경계부가 이질감 없이 자연스럽다.

민 재료가 바뀌는 바닥 면의 높이를 동일하게 맞췄다. 재료마다 두께가 달라 각각의 단면 깊이를 정확하게 정하고 도면을 그렸다. 석재는 기울기나 목재와 만나는 부분에서 모르타르의 두께에 대한 가이드 디테일까지 그렸다. 또 재료분리대를 거의 쓰지 않았다. 다른 소재의 재료가 만나는 부분에선 각 재료의 물성을 잘 이해해야 한다. 가령 목재는 살아있는 재료라 굴곡이 있고 울기도 한다.

① 목재를 우물패턴으로 배치한 힐튼 부산 로비의 바닥.
패턴의 대비를 강하게 하기 위해 질감을 살린 참나무를 사용했다.

갑 리조트 하면 먼저 떠오르는 것이 휴식이다. 다양한 연령의 사람이 이용하기 때문에 모두의 조건을 두루 만족하는 것도 중요하다.

민 객실의 바닥재는 방과 거실에는 주로 목재를, 화장실에는 타일이나 석재를 사용했다. 목재는 표면이 단단하고 딱딱한 돌이나 타일보다 맨발로 걸을 때 느낌이 좋고 따뜻하다. 하지만 문틀이나 방의 곳곳에 석재나 타일을 배치해 재료가 주는 차가움과 따뜻함이 공존하게 했다. 차가움과 따뜻함이 섞이면 편안하면서도 약간의 긴장감을 만든다.
재료 각각의 색상과 질감을 정하는 것도 중요하지만 조화도 중요하다. 대규모 프로젝트는 전체를 관통하는 하나의 DNA로 통일감을 만들면서도 각각 개성 있는 디자인이 되도록 노력했다.

갑 수영장과 온천 등 물이 닿는 공간이 많은데, 다른 색상의 타일을 사용했다.

민 수영장마다 색상의 톤을 약간씩 다르게 했다. 30×30cm 판에 다섯 가지 색상의 100여 개의 타일을 조합하여 열 가지 정도의 다양한 타일을 만들었다. 이런 방식을 쓴 이유는 시간대별로 다른 푸른빛을 내는 바다처럼 수영장도 시간대에 따라 시시각각 색에 변화를 주기 위해서다. 사람들이 수영을 하고 물결이 치면 더 역동적으로 색상을 경험할 수 있다.

갑 아난티 타운의 이터널 저니도 인상적이다. 서점과 도서관이 섞인 분위기에 바닥재가 다양하게 쓰여 차분하면서도 고급스럽다. 이곳의 바닥재는 어떤 부분을 고려했나.

민 테라조와 목재를 섞었다. 바닥재의 종류나 패턴 등 디자인이 책장 위치, 공간의 배치에 딱 맞추어 정해졌다. 이곳이 고급스러운 이유는 상황에 맞게 유연하게 변하는 공간이 아니라 바닥과 천장의 재료, 책장, 테이블, 조명, 스위치 위치까지 모든 것을 철저하고 세밀하게 계획해서 완성도 높은 공간과 분위기를 만들었기 때문이다. 각 요소가 합쳐졌을 때 전체적인 공간이 어떻게 읽히는지를 끊임없이 생각하고, 일관되게 통일성과 완성도를 유지하려고 노력했다.

갑 바닥재의 소재 외에 색상과 밝기, 광택, 재질은 어떻게 계획하고 조절했나.

민 같은 석재라도 가공을 어떻게 하느냐에 따라 광도와 질감, 색상이 달라진다. 연마재로 광택이 없는 평평한 면을 만드는 혼드 Honded, 정으로 다듬는 잔다듬, 매끈한 광택을 만드는 폴리싱, 불로 표면을 구워내는 버너마감 등이 있다. 버너마감을 하면 표면을 약간 태우면서 색이 어두워지고 갈색 계열의 따뜻한 느낌이 난다. 주로 사용한 것은 화강석 Fst06 버너마감이다. 화강석을 많이 쓰는 이유는 회색으로 차분하면서 단단하고, 가공 방법에 따라 다양한 느낌을 낼 수 있기 때문이다. 또 수급이 쉽고 가격도 비싸지 않다. 객실에는 주로 잔다듬을 썼고, 문지방에 사용한 석재는 버너마감을 한 뒤에 3회 폴리싱했다. 두 가지를 섞으면 좀 더 매끈해져 실내에 쓰기도 좋고 깨끗하다. 바닥에 석재를 쓸 때는 천장이나 벽에 목재를 사용해 분위기를 따뜻하게 했다.

정리 정경화

아난티 펜트하우스 해운대

설계	SKM Architects(민성진)
위치	부산광역시 기장군 기장읍
대지면적	43,198.8㎡
연면적	84,752.66㎡
규모	지상 10층, 지하 3층
구조	철근콘크리트
마감	석재, 스터코, 지정 금속
완공	2017년 3월

힐튼 부산

설계	SKM Architects(민성진)
위치	부산광역시 기장군 기장읍
대지면적	32,638.5㎡
연면적	93,981.55㎡
규모	지상 10층, 지하 4층
구조	철근콘크리트
마감	석재, 스터코, 지정 금속
완공	2017년 5월

사용한 바닥재

❶ 목재(오크) | Oak Cognac
    규격   190x1,900x15mm
❷ 석재(화강석) | 펄그레이
    규격   600x300x30mm
❸ 석재(화강석) | 블랙 그라니아이트 혼드 착색
    규격   600x900x30mm
❹ 타일 | ECO GREEN
    규격   150x900x20mm
❺ 타일 | GN1518
    규격   150x150x20mm
❻ 타일 | BLUE GLASS
    규격   45x45mm

Space and Flooring

❶, ❷
아난티 타운에 위치한 서점, 이터널 저니의 공간은
바닥재의 종류와 디자인, 책장 위치, 공간의 배치가 모두
합쳐져 하나의 분위기를 만들어 낸다.

"다양한 용도와 규모의 공간이 혼재된 이곳을 한데 모아주는 힘은 재료에 있다. 자연에서 가져온 목재와 석재는 때로는 바닥을, 때로는 벽을 채우며 하나의 장소성을 형성한다."

Space and Flooring

객실 바닥에는 주로 목재를 사용하고, 석재나 타일을 곳곳에 배치해
재료가 주는 차가움과 따뜻함이 공존하게 했다.

"다른 재료가 만나는 이음부는 도면과 시공 모두 중요하다.
재료와 디테일, 시공방법이 모두 모여 하나의 분위기를
만드는 데 매우 중요한 역할을 한다. 좋은 공간을 만들기
위해서는 단순히 비싼 재료를 사용하는 것보다 이들이
조화를 이루어 내는 것이 중요하다."

3 Application of Flooring

Guide of Installation
바닥재 시공 관리하기

글 정연집
(피앤케이코리아 대표)

선진국에서는 오래전부터 DIY가 익숙하고 대부분의 자재에 대한 사용법이 상세히 안내되어 있다. 일반인도 쉽게 이해할 수 있도록 시공과 마감법, 청소와 유지관리법 등의 내용을 빠짐없이 소개한다. 그러나 국내에서 시공은 아직 전문가의 영역이다. 이마저도 시공비가 하향 평준화되어 있어 상급 기술을 보유한 전문 시공자는 점점 줄어드는 실정이다. 따라서 소비자는 시공관리의 중요성에 대해 새로이 인식할 필요가 있다.

평활도와 습기 점검

바닥재 시장이 점점 고부가가치 시장으로 이동하면서 시공 품질의 중요성은 점점 더 커져간다. 바닥재는 '제품'과 '시공'이라는 두 축으로 지탱된다. 제품이 아무리 우수해도 시공이 따라주지 못한다면 사상누각과 같다. 그래서 관리자가 현장 상황이 시공에 필요한 조건을 만족하는지 점검하고 시공자가 정해진 시방을 준수하는지 감독하는 시공관리 과정이 필요하다.

시공관리는 시공할 바탕면의 '평활도'와 '습기관리'가 가장 중요하다. 먼저 평활도의 경우, 주로 콘크리트가 바탕이 되는 국내 현장에서 이따금 평활도를 점검하지 않고 시공하는 경우가 있다. 평활도가 불량하면 최종 마감에 큰 영향을 미치므로 반드시 점검해야 한다. 다만 전체 공사 기간에 영향을 줄 수 있으므로 초기에 점검한다. 요즘에는 바닥공사가 기계 미장으로 대체되어 평활도가 많이 개선되었으나 오래된 바닥은 대부분 떨어진다. 이러한 경우 접착식 시공을 할 때 제대로 붙지 않아 바탕과 바닥재가 분리된다. 이는 심각한 하자다. 바탕과 띄우는 클릭 시공을 하더라도 바닥의 꿀렁거림이나 삐걱거림 등의 원인이 될 수 있다.

국내의 시공 여건은 외국보다 훨씬 민감하다. 주로 습식인 콘크리트 바닥이라 늘 습도 문제가 있을 수 있다는 점, 바닥난방을 하기 때문에 낮은 습도에도 바닥재가 민감하다는 점을 유의해야 한다. 비닐 바닥재Fvn나 타일 바닥재Fti는 바탕의 습도에 따른 영향을 덜 받지만, 목재 바닥재Fwo는 습기의 영향을 크게 받는다. 따라서 콘크리트 바탕의 적절한 건조를 위해 충분히 양생하는 것이 중요하다. 또한, 여름철의 고온 다습한 실내 환경과 겨울철 난방에 따른 과도한 건조함은 바닥에 큰 영향을 미친다. 마루판의 경우, 여름철의 팽창과 겨울철의 수축을 동시에 고려해야 하는 양면성이 있다.

열전달과 시공법

바닥난방에서 열전달은 적절한 바닥재를 선정하는 데 중요한 요소다. 두께가 얇은 바닥재는 저렴하고 시공이 간편하지만, 너무 얇으면 바탕 상태가 그대로 드러나므로 시공이 더 어려워진다. 또한 최근에는 바닥난방의 최고 온도를 규제하는 추세다. 단열이 잘 되어 있는 곳은 외풍이 심하지 않아 바닥이 고온일 필요가 없다. 특히 겨울철 난방이 지나치면 실내가 건조해져 목재 바닥재가 과도하게 수축할 수 있고 건강에도 좋지 않다. 따라서 적정 실내온도가 23℃를 넘지 않도록 한다. 바닥난방이 일반적이지 않은 유럽이나,

바탕면의 평활도를 제대로 점검하지 않고 시공하는 것은 바닥재 하자의 주요한 원인이 된다.

바닥면에 직접 접착하는 접착식 시공은 간격을 띄우고 시공하는 클릭 시공보다 열전달이 빠르다.

미국 그리고 일본까지 최고 난방 온도를 규정하고 있다는 사실이 시사하는 바가 있다.

대부분 접착식 시공이 클릭 시공보다 열효율성이 뛰어나다고 생각한다. 바닥에 직접 붙이는 접착식 시공이 바닥에서 간격을 띄우고 바닥재를 설치하는 클릭 시공보다 열전달이 빠른 것은 사실이다. 그러나 객관적인 자료를 보면 시공법에 따른 열효율성은 큰 차이가 없다. 열전달이 잘 되어 빨리 데워지면 그만큼 식는 것도 빠르기 때문이다.

차음성과 시공법

바닥재의 차음성은 점점 더 중요해지고 있다. 하지만 객관적인 근거에 의한 정보가 부족한 실정이다. 공간은 중량 충격음과 경량 충격음의 두 가지 소음원에 노출된다(p.34 참고). 중량 충격음에 의한 소음은 바닥 구조체 문제다. 바닥 구조체의 두께가 두꺼워야 효과가 있다. 구조체의 두께에 대한 설계 기준은 이러한 차음성과 건축 비용 등을 고려해 건축 규정으로 정해지기 때문에 바닥재와는 관계가 없다. 반면 경량 충격음에 의한 소음은 플로팅floating이라는 클릭 시공법을 적용하면 어느 정도 조절이 가능하다. 바닥재를 바탕면에 접착하지 않고 바닥재끼리 끼워 맞추어 띄우는 것을 클릭 시공이라고 한다. 방습과 평활도를 맞추기 위해 바탕 바닥에 까는 폴리에틸렌PE폼 시트가 충격을 흡수해 경량 충격음을 줄인다. 다만 맨발로 생활하는 실내 생활 방식에서는 경량 충격음에 의한 소음 발생이 많지 않아 그 효과도 제한적이다. 어떤 바닥재든 두껍고 단단한 바닥재를 접착식으로 시공하면 보행성이 떨어지고 경량 충격음에 대한 차음성도 떨어진다는 것은 분명한 사실이다.

층간 소음으로 인한 분쟁의 가장 큰 원인은 중량 충격음에서 찾아야 하지만 아직까지는 모두 만족할 수 있는 기준과 법규가 마련되지 않았다. 현재로서는 소음원의 발생을 최대로 억제하는 것이 층간 소음 분쟁을 줄이는 가장 효과적인 방법이다.

Installation of Flooring
바닥재 시공의 처음과 끝

글 정연집
(피앤케이코리아 대표)

공구가 많이 필요하지 않은 바닥재 시공은 일반인이 처음 DIY에 도전할 때 시도해 볼 만한 영역이다. 시공 준비 과정부터 재료에 따른 바닥재 시공법, 그리고 세부 디자인을 정할 때 고려해야 할 요소까지 순서대로 차근차근 알아보자.

Step 1. 시공 준비하기

신축이 아니라면 먼저 기존 바닥을 들어내야 할지 말지를 판단한다. 기존 바닥재 제거 여부는 새로 시공하는 바닥재의 종류와 관련이 있다. 만약 기존 바닥재가 얇은 비닐시트Fvn01이고 그 위에 클릭식으로 강화마루Fwo03를 시공한다면 제거할 필요가 없다. 하지만 기존 바닥이 합판마루Fwo02 또는 강마루Fwo04와 같이 접착식으로 시공됐다면, 반드시 제거해야 한다. 이러한 사전 공정이 치밀하지 못하면 시공 후 결과가 만족스럽지 못하다.

❶ 바닥 면적 실측

바닥재를 주문하기 전에 필요한 물량을 산출한다. 먼저 실측하기 쉽도록 공간을 사각형으로 나눈다. 움직일 수 있는 비품이 있는 곳이 시공할 면적에 모두 포함되었는지 확인한다. 구역별로 길이와 폭을 측정해 총면적을 계산하고 붙박이장처럼 시공되지 않을 부위를 제외한다. 자재를 주문할 때는 10% 정도 여분이 필요하고 특별한 패턴으로 시공할 때는 20% 정도 더 여유를 두는 것이 좋다.

❷ 바탕 바닥 준비

먼저 창문이나 문을 비닐로 막아 인접 공간을 보호한다. 바닥과 연결된 걸레받이와 몰딩은 제거한다. 모든 공정에서 눈, 귀, 호흡기를 보호하고 가능하다면 진공청소기로 실내에서 발생하는 먼지를 제거하고 자주 환기하자.

❸ 습기 측정과 제거

바닥의 습기를 측정하기 위해 콘크리트 바닥에 50×50cm의 비닐을 깔고 가장자리를 테이프로 밀봉한 뒤 24시간 후 제거한다. 만약 비닐에 습기가 있다면 바닥의 양생이 충분히 되지 않은 것으로 문제가 발생할 수 있다. 습기가 완전히 제거되기 전까지 바닥재를 시공해서는 안 된다.

❹ 바닥 평활도 점검

콘크리트 바닥의 평활도는 바닥재 시공의 필수 요소다. 오래된 아파트나 주택은 바탕 바닥 미장층의 수평이 맞지 않아 접착이 불량하고 바닥이 꿀렁거리는 원인이 된다. 시공 전에 반드시 평활도를 점검하고 필요하면 별도로 수평 작업을 한다. 각 바닥재 제조 업체에서는 시방서에 수평도를 제시하고 있으니 점검하는 기준으로 참고한다.

❺ 바닥 수평제 바르기

먼저 콘크리트 바닥에 먼지나 오염 조각, 유분, 페인트 등이 없도록 깨끗하게 청소한다. 긴 자루 페인트 롤러로 콘크리트용 프라이머를 바닥에 골고루 바른 뒤 굳힌다. 제조 업체의 시방서에 따라 바닥 수평제와 물을 혼합해 붓고 갈퀴를 사용해서 수평제를 골고루 편다. 수평제는 15분 이내에 굳으므로 빨리 작업한다. 흙손[1]으로 연결 부위를 다듬고 24시간 동안 굳힌다.

Step 2.
재료에 따른 시공법 고르기

바닥재는 재료에 따라 물성과 강도 등의 특징이 모두 다르므로 시공도 그에 맞는 방법으로 다르게 해야 한다. 실내에 주로 쓰이는 재료를 중심으로 시공법을 안내한다.

바닥재를 끼워 맞추고 못을 박아 시공하는 못질 시공

바탕면에 접착제를 바르고 붙이는 접착 시공

바닥재를 서로 끼워 맞춘 뒤에 바탕면에서 띄우는 클릭 시공

❶ 목재 바닥재 Fwo

못질 시공 장선이나 받침목 위에 직접 못을 박아 마루판을 고정하는 방식과 장선 위나 콘크리트 바닥 위에 합판으로 바탕면을 새로 설치하고 그 위에 못으로 고정하는 것이 있다. 건물의 바닥이 주로 콘크리트인 국내에선 대체로 방부목재를 대고 그 위에 새로운 바탕을 만들 재료를 수평 시공한 다음 못으로 박아 설치한다. 바탕용 재료는 주로 구조용 합판이나 배향성 스트랜드 보드 OSB와 같은 판상 재료를 사용한다. 바닥의 습기로부터 목재를 보호하기 위해 아스팔트 펠트나 폴리에틸렌 필름을 깔아준다.

이러한 기초 작업이 완료되면 새로운 바탕면 위에 원목마루 Fwo01를 서로 끼워 맞추고 숨은 못치기[2]로 바탕면에 고정한다. 이런 방법은 열전도가 잘 안 되어 일반 주택의 바닥난방에서는 비효율적이라 주로 스포츠용 전문 바닥재 시공에 적용한다.

접착 시공 접착식 시공은 비닐 Fvn 이나 고무 바닥재 Frb, 합판 바탕재 위에 얇은 무늬목을 씌우는 합판마루나 라미네이트가 표면재로 접합된 강마루에 적용되는 시공법이다. 콘크리트 바닥이 대부분인 국내 여건에선 시공이 간편해 주로 사용한다. 구조체에 직접 접착하므로 바닥재 자체의 규격 정밀성에 다소 여유가 있고 접착제 외엔 별도의 부자재가 필요 없어 시공이 간편하다. 원래 얇은 비닐 바닥재에 적용하던 전면 접착식 시공과 그 맥이 통하나 마루판 시공 시에 접착제 소요량이 훨씬 더 많다. 바닥난방일 때는 바닥에 직접 접착되어 열전도가 뛰어나다는 장점이 있지만 바닥 습기, 바닥 평활도 등에 주의해야 하고 하자가 발생하면 보수가 쉽지 않다. 시공 후 보행성이 떨어지고 경량 충격음에 의한 차음성이 떨어지는 것도 단점이다. 비닐 바닥재의 전면 접착은 철거도 용이하고 자재로 재활용되어 문제가 없으나 합판마루와 강마루와 같은 마루판은 강력하게 접착되어 철거에 추가적인 비용이 발생하고 자재도 건축폐자재로 처리해야 한다.

클릭 시공 못질 시공은 인건비가 많이 들고, 접착 시공은 개보수 시 추가 비용이 발생한다. 반면 클릭 시공은 바닥재와 바닥재를 끼워 맞춰서 바탕 바닥 위에 올려놓는다. 접착제가 필요하지 않아 친환경적이고 보행성이 뛰어나며 경량 충격음에 의한 소음을 줄여주는 장점이 있다. 바닥에 접착되지 않아 부분 보수가 편하고 제거도 쉽다. 하지만 열전도율이 다소 낮고 부자재가 많이 필요해 좀 더 복잡하다. 제혀쪽매[3] 구조를 갖는 원목마루, 강화마루, 럭셔리비닐타일 Luxury Vinyl Tile Fvn03에 적용하는 시공법으로 바탕면 위에 방습을 위한 비닐과 폴리에틸렌PE폼 시트를 깐 뒤, 바닥재를 결합해 올려놓는다. 가장자리는 수축 팽창에 대비해 공간을 확보하고 그 위에 걸레받이나 몰딩으로 마감한다. 마감이 완벽하게 되어야 하고 시공 원칙을 철저히 따라야 한다.

❷ 타일 바닥재Fti

세라믹 타일Fti01은 일반적으로 시멘트 모르타르 또는 타일용 접착제로 붙인 후, 타일 사이의 틈새에 줄눈제를 채워 넣는 접착식으로 시공한다.

타일 바닥재는 내구성을 위해 매끈하고, 견고하며, 평활도가 좋은 바탕 바닥이 필수적이다. 수분에 장기간 노출되는 곳에 주로 사용되는 타일 바닥재는 DIY보다는 숙련된 시공자가 시공하는 것이 좋다.

세라믹 타일은 대부분 다공질인 점토를 보호하기 위해 광택으로 표면 처리 된다. 무광 타일은 정기적으로 표면에 오염과 얼룩이 생기지 않도록 발수코팅제를 발라준다. 일 년에 한 번 정도 줄눈제를 다시 발라주면 깨끗한 면을 오래 유지할 수 있다.

걸레받이 타일을 시공하는 경우에는 설계할 때부터 시공법을 고려한다. 어떤 걸레받이 타일은 바닥 타일의 측면과 일치하도록 바탕 바닥 위에 시공하기도 한다. 다른 형태는 바닥 타일을 시공한 후 그 위에 시공한다.

바탕면에 모르타르나 타일용 접착제를 바른 뒤 타일을 붙인다.

❸ 비닐, 카펫타일, 코르크 바닥재

탄성이 있는 비닐 바닥재는 부드러운 표면을 지닌다. 실내 어디에나 가능하지만 바닥에 습기가 많거나 물을 많이 사용하는 곳에 주로 시공한다. 코르크 바닥재는 부드럽고 쿠션이 있고 카펫타일은 시공이 복잡한 롤 카펫의 단점을 보완한 타일형의 카펫이다. 펠트가 부착된 비닐 바닥재, 카펫타일, 코르크 바닥재 등은 전체 바닥에 접착제를 도포하는 전면 접착식으로 시공한다. 하지만 뒷면에 PVC가 부착된 판상의 비닐 바닥재는 가장자리만 접착하는 부분 접착식으로 시공한다.

모든 바닥재는 평탄한 바탕 바닥 위에 시공한다. 특히 두께가 얇은 비닐 바닥재는 바탕 바닥의 요철이 바닥재 표면에 그대로 나타날 수 있어 수평도 외에 표면이 매끈한 것도 중요하다. 최근 개발된 두꺼운 비닐 바닥재인 럭셔리비닐타일은 제혀쪽매 구조로 전면 접착식이나 클릭 시공이 가능하다.

두께가 얇은 비닐 바닥재는 바탕면의 상태가 그대로 드러나므로 바탕면 관리가 더 중요하다.

접착제의 도포량은 바닥의 상태에 따라 1㎡의 단위면적당 120~150g 정도로 조절해 가며 바른다.

❹ 롤 카펫 바닥재

카펫Fca은 기본적으로 내구성보다 편안함을 추구할 때 선택하는 부드럽고 유연한 바닥재다. 합성 또는 천연섬유를 망사 배판에 붙여 약 3.6m 단위로 판매한다. 쿠션재가 부착된 것도 있고, 별도의 쿠션재나 쫄대 없이 접착식으로 시공하는 제품도 있다.

카펫 시공은 어렵지 않지만 특별한 공구와 기술이 필요하다. 바닥 가장자리에 고정용 쫄대를 설치하고 쿠션재를 깐다. 그다음 카펫을 재단하고 접착부를 봉하고 난 뒤 마지막으로 카펫을 늘려 카펫 고정용 쫄대에 고정한다. 콘크리트가 주로 바탕 바닥인 국내에서는 카펫 고정용 쫄대가 목재 바탕 바닥용보다 조금 더 넓고 콘크리트용 못으로 고정한다. 핀이 날카로워서 위험하므로 카펫 고정용 쫄대를 사용할 때는 조심해야 한다. 출입구 쪽이나 카펫이 다른 바닥재와 만날 때에는 적절한 연결 몰딩으로 마감한다.

도장은 다공질의 콘크리트 표면을 코팅해 오염이나 주변의 영향으로부터 보호하는 역할을 한다.

❺ 콘크리트 도장Fco02

콘크리트는 단단하고 내구성이 높지만 표면이 다공질이라 오염되기 쉽다. 때문에 콘크리트 바닥을 도장해 다양한 오염으로부터 표면을 보호하고, 마찰과 햇빛에 대한 노출과 방수와 결로 피해를 막아야 한다. 도장할 콘크리트 바닥은 깨끗하고 평편하며, 특히 지방분이나 왁스가 없어야 한다. 만약 바닥에 균열이 있다면 도장하기 전에 반드시 보수해야 한다.

순서는 먼저 제조 업체가 권장하는 프라이머를 바르고 최소 8시간을 둔다. 그다음 첫 번째 상도를 칠한다. 고르게 칠하지만 두껍지 않도록 한다. 48시간 경과 후 다른 상도를 한 번 더 칠한다. 이때는 첫 번째와는 다른 방향으로 칠한다. 마지막 도장이 굳도록 하루를 더 둔 다음 사용한다.

Step 3.
세부 디자인 정하기

어떤 종류의 바닥재를 시공하든지 색상과 문양, 그리고 질감을 신중하게 선택해야 한다. 선택한 재료는 최소 몇 년에서 몇십 년은 사용하게 된다. 바닥재는 인테리어 디자인에서 가장 시각적인 구성요소 중 하나다. 이목을 집중하는 포인트가 되기도 하고 주변을 살리는 배경이 되기도 한다. 어떤 접근이라도 바닥재를 선정할 때는 항상 연결된 공간의 디자인을 고려해야 한다.

바닥은 한 공간에서 인접한 다음 공간으로 연결되기 때문에 실내 공간의 연속성을 만드는 매개체 역할을 한다. 이것은 모든 공간에 같은 바닥재를 시공하는 것을 의미하지 않는다. 색상과 문양과 질감에 조금씩 변화를 주며 연속성을 유지할 수 있다. 잘 선택한 바닥재는 다른 디자인 요소와 상호작용을 한다. 또한 바닥재는 각각의 공간에 필요한 요구 조건에 부합하고 기능적이어야 한다. 용도와 공간의 특성 등 여러 요소를 고려해 디자인을 고르자.

패턴 시공은 유행을 탄다. 최근 많이 사용하는 패턴으로는 헤링본이나 사다리형이 있다. 주로 상업 공간이나 특별한 공간에 적용한다. 시공하는 데 품과 비용이 많이 든다. 또 일반적인 패턴에 비해 시공 후 공간이 좁게 느껴질 수 있고 자재 소요량도 많다. 시공하고자 하는 공간의 중심에 중심선을 설치하여 시공을 시작한다. 숙련된 시공자가 필수적이고 클릭 시공보다 접착 시공이 유리하다.

정연집
피앤케이코리아 대표

1995년 서울대학교 대학원 임산공학과 박사 학위를 받았으며 1998년부터 2012년까지 스웨덴 페르고(PERGO)의 한국 현지법인 페르고코리아㈜ 기술 및 영업담당 이사를 역임했다. 2013년부터 페르고 한국 총판 ㈜피앤케이코리아 대표를 맡고 있다.

하나의 공간이라도 바닥재가 달라지면 분위기가 달라진다.
사진은 아난티 코브의 서점 이터널 저니.

용어정리
1) 흙손 쇠붙이로 납작하게 만들어 손잡이 자루를 붙인 공구로 모르타르나 흙, 회반죽 등의 미장재를 바를 때 사용한다.
2) 숨은 못치기 마루판이나 걸레받이 등 내부 마감재를 못으로 박아 고정할 때, 외부에서 보이지 않도록 박는 시공법.
3) 제혀쪽매 널 한쪽을 혀를 내민 모양으로 모를 내고, 다른 하나에는 홈을 파서 끼워 맞출 수 있도록 만드는 방법.

Application of Flooring

공간에 어울리는 목재 바닥재 패턴 고르기

따뜻한 색과 편안한 질감으로 오랫동안 주거 공간에 사용된 목재 바닥재. 최근에는 카페와 레스토랑과 같은 상업시설에도 다양하게 활용한다. 친숙한 재료를 다양한 방식으로 적용해 공간에 활력을 불어넣어 보자.

글 정신오

❶ 일자 패턴 overlay pattern

직선으로 곧게 뻗은 단순한 마루. 국내에서 가장 일반적인 패턴으로 목재 무늬의 시트에서도 쉽게 찾을 수 있다. 면적과 상관없이 어떤 공간이든 무난하게 잘 어울리고 설치가 간단해 시공 비용이 가장 적게 든다.

바닥의 모서리와 평행하게 까는 것이 일반적이지만 45˚ 대각선으로 사선이 되게 하기도 한다. 하지만 사선으로 시공하는 경우 모서리에서 손실량이 발생할 수 있다.

❷ 헤링본 패턴 herringbone pattern

공간에 개성을 주고 싶다면 헤링본 패턴을 추천한다. 헤링본은 청어의 뼈라는 뜻으로, 판재나 띠 모양의 소재를 일정한 각도로 엇갈리게 조합해서 만드는 사선의 무늬다. 마루 바닥재는 물론 타일에서도 사용한다(『GARM 05 타일』참고). 북유럽 스타일로 최근 수요가 늘면서 헤링본 전문 바닥재도 등장하고 있다. 하지만 일자 패턴보다 작업이 복잡해 인건비가 비싸다. 모서리 부분에서 손실이 생기므로 양을 넉넉하게 준비하도록 한다.

❸ 우물 패턴 ladder pattern

한옥에서 볼 수 있는 마루깔기 형식. 우리나라에서는 우물 '정(井)'자와 같다고 하여 우물마루, 서양에서는 사다리와 같은 모양이라고 해 사다리 패턴이라고 한다. 시공한 결과가 알파벳 'H'와 같다고 해서 H시공이라고도 한다. 평행한 장변 사이에 짧은 마루널을 배치한 모습이 한옥마루의 모습을 닮았다. 폭과 길이가 1대 5 비율인 제품을 사용해야 안정적인 느낌을 줄 수 있다.

❹ 위브 패턴 weave pattern, square basket pattern

바닥재로 공간에 기하학적 무늬를 넣을 수 있음을 보여주는 패턴이다. 직물을 짠 모양과 닮았다고 해 위브 패턴, 혹은 바구니 패턴이라고 한다. 아직 국내에서 쉽게 볼 수 있는 패턴은 아니지만 몇 년 사이 수요가 늘었다. 마루널의 길이와 폭이 1대 1로 바둑판 모양을 한 것 외에 1대 2, 1대 3의 비율의 제품도 출시되고 있다. 직사각형 외에도 평행사변형 패턴으로 두 가지 색 이상의 제품을 이용하면 아가일 Argyle이나 직육면체 패턴도 만들 수 있다.

Application of Flooring

바닥재 시공 심화편

글 정신오

시공에 대한 기본적인 소개에서 한 걸음 나아가 현장에서 발로 뛰는 시공사를 비롯한 여러 전문가에게 바닥재에 대해 궁금한 점을 물었다. 생생한 답변들을 모아 종류별 바닥재의 시공 노하우를 엿본다.

Q. 목재 바닥재를 시공할 때 주의를 기울여야 하는 부분은?

A. 습기 관리가 중요해서 사전에 차단하는 계획을 세운다. 목재 바닥재는 양생한 다음 바탕면에 습기가 없는지 확인한 뒤 시공한다. 또 외부에서 유입되는 누수 문제가 없는지 확인해야 한다. 매립된 설비배관에서 물이 샐 수도 있으니 항상 수압을 10㎏/㎠으로 일정하게 유지한다. ─기로건설 김효일 대표

A. 습기는 주로 누수나 결로 때문에 발생하는데, 이는 목재를 비롯해 모든 재료에 해롭다. 때문에 시공 과정에서 충분히 제거해야 수축 팽창으로 인해 생기는 변형을 줄일 수 있다. 최근에는 내수용으로 가공된 목재가 많이 있으니 습기가 염려되는 곳이라면 내수성 재료를 사용하자.
─예지인종합건설 전문태 대표

A. 목재 바닥재는 함수율이 7% 미만일 때 시공해야 한다. 그렇지 않으면 곰팡이, 변색, 전체 마루가 들뜨는 등 하자가 발생한다. 또 목재 바닥재를 시공할 때는 콘크리트 바탕면을 주의 깊게 봐야 한다. 표면 경도가 약한 콘크리트 바닥에 접착시공하고 바닥난방을 반복하면 마루가 움직이면서 바닥이 들뜰 수 있다. 바닥재를 시공한 뒤에는 잘 압착하는 것도 중요하다. 압착공정을 하면 콘크리트 바닥과 목재 바닥재 사이의 접착력은 1.3~1.5배까지 높아진다. ─이건산업 정인재 이사

Q. 목재 바닥재의 경우 접착과 클릭 등 시공 방식에 따라 차음 성능에 차이가 있나?

A. 층간 소음을 줄이고 싶다면 비중이 높은 바닥재를 추천한다. 비중이 높을수록 차음성이 높다. 접착 시공은 바닥 충격음이 그대로 전달되므로 뜬 구조의 클릭 시공이 차음성 면에서 더 좋다. 단, 클릭 시공을 하면 바닥과 접착하지 않아 접착식보다 보행감이 떨어질 수 있다. 하지만 층간 소음의 문제라면 마감재보다는 구조체에서 해결해야 한다. ─기로건설 김효일 대표

A. 층간 소음의 원인은 콘크리트 바닥 자체의 진동이 첫 번째다. 근본적인 해결 방법은 콘크리트 바닥을 두껍게 하는 것이다. 다만 예산이 올라가고 층고가 낮아질 수 있으니 대안으로 발포고무 같은 완충재를 사용한다.

접착 시공과 클릭 시공에 따른 층간소음의 차이는 미미하다. 시공 방법보다는 쿠션이 좋고 두꺼운 재료를 찾는 것이 좋다.
— 예지인종합건설 전문태 대표

Q. 에폭시와 같은 도료Epo로 마감한 바닥이 요즘 많이 보인다. 소재도 점점 더 다양해지는 것 같은데 최근 인기인 바닥마감용 도료는 무엇인가?

A. 최근에 에폭시 라이닝을 쉽게 볼 수 있다. 모르타르, 콘크리트, 셀프레벨링을 마친 면에 3mm 두께로 에폭시 도료를 바른다. 에폭시는 강도가 우수해 표면 손상이 적다. 덕분에 주차장 바닥이나, 카페, 사무실, 전시장에 많이 쓴다. 하지만 아직은 색상이 투명, 회색, 녹색, 갈색으로 한정적이다.
— 기로건설 김효일 대표

Q. 도료로 바닥을 마감하는 노하우가 있다면?

A. 도료는 바탕면의 상태에 따라 마감의 완성도가 좌우된다. 특히 투명한 도료로 마감한 경우에는 바탕면의 긁힘이나, 손상, 오염이 그대로 드러난다. 그래서 표면을 갈아내 콘크리트 폴리싱을 한 뒤 마감한다. 모르타르 바탕면은 쇠흙손 자국이 남기 때문에 되도록 기계미장을 한다. 또한 균열이 생기기 쉬워 요즘은 셀프레벨링 위에 도료 마감을 한다. 먼저, 셀프레벨링을 일정한 두께로 이음 없이 한꺼번에 시공한다. 시공 후에 출입을 막고 건조해 바닥에 얼룩을 남기지 않는다. 바탕면의 습기가 완전히 제거됐다면 전처리제를 바른 뒤 도료로 마감한다. 단, 에폭시 도료의 경우 경화 속도가 빨라서 붓칠이나 롤러칠 자국이 남을 수 있으니 주의한다.
— 기로건설 김효일 대표

A. 셀프레벨링 전용 모르타르로 시공한 다음 3~10mm 두께로 에폭시 코팅 또는 라이닝을 한다. 이때 바탕을 완전히 건조해 습기가 없는 상태에서 시공해야 기포를 줄일 수 있다. 두껍게 마감하는 라이닝은 수차례 나누어 시공하면 마감 수준을 높일 수 있다. 하지만 숙련공의 손끝에서 좋은 품질이 나온다. — 예지인종합건설 전문태 대표

A. 에폭시는 충분히 양생하지 않으면 부풀어 오르거나 누렇게 된다. 그래서 시공 전후 충분히 보양하는 것이 중요하다. 에폭시를 바르기 전 셀프레벨링을 할 때는 일주일 가량의 기간이 필요하다. 라이닝 역시 3mm 두께로 도포할 때를 기준으로 일주일 정도 양생해야 한다.
— 스튜디오베이스 전범진 대표

Q. 최근 카페, 레스토랑이나 소규모 상업시설에서 콘크리트Fco로 마감한 것을 많이 볼 수 있는데, 콘크리트 바닥을 시공할 때 주의할 점은?

A. 수분이 침투하지 않도록 바탕면에 전처리제를 꼼꼼히 발라야 한다. 이때 가장 중요한 것은 시멘트 제품의 물 비율이다. 시멘트를 젤 정도의 물성이 되도록 잘 섞어야 하는데 손으로 작업하기가 힘들다 보니 물을 넣는 경우가 많다. 비벼지지 않는 것처럼 느껴지더라도 계속 섞어야 한다. 비율이 낮으면 유동성이 떨어져 시공성이 나빠지고, 물의 비율이 높으면 재료 분리가 생긴다. 타설할 때마다 물의 비율이 달라지면 얼룩이나 경계가 생긴다. 사용하면서 금이 간 경우에는 코팅제를 얇게 발라 물이 안으로 침투하는 것을 막아준다. 그런데도 계속 벌어지면 탄성이 있는 재료로 부위를 메꾼 뒤에 다시 코팅한다.
— 미콘 조수민 디자이너

Q. 타일 바닥을 시공할 때 유의해야 할 점은 무엇인가?

A. 먼저 바탕면 처리가 필요하다. 물을 쓰는 공간이라면 물을 흘려 보내기 위한 경사를 두고, 그렇지 않다면 면을 고르게 하여 수평을 맞춘다. 시공 전에는 기본 먹매김을 해 수평과 수직에 맞춰 타일을 붙여야 한다. 하지만 타일뿐 아니라 모든 공정이 작업자의 숙련도에 따라 품질에 차이가 생긴다.
— 기로건설 김효일 대표

A. 타일은 접착제 방식과 모르타르 방식이 있다. 수평이나 마감이 좋은 상태라면, 세라픽스에 석재용 에폭시 접착제를 섞어 견고하게 고정한다. 줄눈은 타일면을 돋보이게 하고 싶다면 색이 있는 것, 오염이 잘 안 보이게 하고 싶다면 진회색을 사용한다.

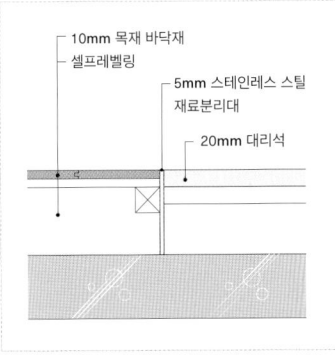

목재 바닥재와 석재 바닥재 간의 재료분리대 상세도

— 피에이치플러스 스튜디오 윤지헌 대표

Q. 여러 가지 바닥재를 함께 사용하는 경우, 서로 다른 재료가 맞닿는 부분은 어떻게 처리하나?

A. 서로 다른 재료가 만나는 부분에 단차가 있으면 두 재료를 깔끔하게 마감할 수 있다. 문제는 같은 면에서 두 재료가 만나는 경우다. 이럴 때에는 재료분리대를 사용하는 것이 가장 쉽다. 아주 작은 단차를 만들어 시공하는 방법도 있는데 정밀함이 필요하다.
— 예지인종합건설 전문태 대표

답변을 도와준 설계, 시공 전문가

기로건설㈜
대표 김효일 | 종합건설사 | kirocon.com

미콘
디자이너 조수민 | 콘크리트 디자인 스튜디오
miicon.com

스튜디오베이스
대표 전범진 | 건축 설계·인테리어 디자인 및 시공
studiovase.com

예지인종합건설
대표 전문태 | 종합건설사 | yeziin.com

㈜이건산업
이사 정인재 | 건축자재기업 | eagon.com

피에이치플러스 스튜디오
대표 윤지헌 | 건축 종합 디자인그룹 | phplus.co.kr

Application of Flooring

Maintenance of Flooring
바닥재의 유지관리

글 정경화

바닥재는 소재가 다양해 종류마다 관리하는 방법이 다르다. 바닥재를
종류별로 나누어 올바르게 관리하고 자주 발생하는 하자에 대처하는
노하우를 소개한다.

변화를 줄여 수명 연장하기
목재 바닥재 Fwo

목재는 비닐이나 콘크리트 바닥재Fco와 달리 살아있는 재료로 좀 더 세심한 관리가
필요하다. 온습도에 자연스럽게 적응하지만, 편차가 심하면 하자가 생긴다. 바닥난방을
하는 경우 특히 더 주의해야 하는데 온도는 15~20℃, 습도는 30~70% 정도가 적당하다.
바닥 청소는 마른걸레가 좋으며 물걸레 청소는 표면의 변색과 갈라짐을 일으킬 수 있어
되도록 피한다. 물걸레질할 경우에는 물기를 꽉 짠 걸레로 닦고, 바로 마른걸레로 다시 한
번 닦아 물기를 없앤다.
　가장 자주 발생하는 하자는 삐걱거림이다. 틈이 생기거나 목재가 들뜨는 것이 그 이유다.
마루와 마루 사이에 틈이 생겼을 때는 폭이 1mm 이하이면 메꿈제로 채운다. 틈이 그보다
크면 기준면을 정한 뒤에 부분적으로 마루를 갈아 끼운다. 마루가 들뜬 경우에는 지름
1mm의 드릴로 구멍을 낸 뒤 주사기로 들뜬 부위에 보수용 에폭시 접착제를 채워 넣는다.
다 채우고 나면 퍼티로 구멍을 메꾸고 도장하여 코팅막을 다시 만들어 준다.

처음의 모습 오래 보존하기
석재 바닥재 Fst

석재는 보행으로 표면이 닳는다. 특히 외부와 가깝고 통행량이 많을수록 작은 모래나 먼지
같은 이물질이 표면에 스쳐 손상되기 쉽다. 이런 현상을 방지하기 위해서는 출입구에 다섯
발자국 이상의 긴 매트를 깔아 외부에서 이물질이 들어오는 것을 최대한 막고 마른걸레로
표면을 자주 닦아야 한다.
　또 다른 하자는 백화현상이다. 석재 표면에 하얀 가루가 달라붙어 얼룩처럼 보이는
현상으로 대리석Fst01이나 화강석Fst06에서 많이 발생한다. 바탕면에 바른 모르타르 속
시멘트에 있던 알칼리 성분이 수분과 함께 다공질인 석재에 흡수되었다가, 수분이 증발할
때 표면으로 배어나 하얀 가루를 만든다. 백화는 산성 세제로 제거해야 하는데 주로 전용
백화제거제를 이용한다. 물에 적정량을 희석하여 바르고, 붓이나 부드러운 솔로 문질러
백화를 제거한 뒤 물로 세척한다. 파손이나 균열이 생긴 부위를 실리콘, 에폭시 등의
충진재로 보수하고, 그 위에 발수제를 바른다. 표면에 막을 형성하여 석재의 기공을 막는
코팅제보다는 표면 깊숙이 흡수되어 수분이 들어오는 것을 막는 침투성 발수제를 바르는
것이 좋다.

Application of Flooring

바닥난방을 하는 주거 공간에 타일을 쓸 때는 탄성이 높은 줄눈제를 사용한다.

타일을 보수하기 위해 들어낼 때에는 붙어 있는 주변부까지 몇 장의 타일을 함께
들어낸 다음에 다시 붙여야 한다.

틈새에 집중하기
타일 바닥재[Tl]

표면이 매끄럽고 단단한 타일은 줄눈 부위만 주의하면 유지관리가 간편하다. 주기적으로 닦고 금이 가거나 이가 빠진 타일을 적절히 갈아주면 오랫동안 새 공간처럼 쓸 수 있다.

먼지 및 이물질은 빗자루나 진공청소기로 제거한다. 표면을 문질러 청소할 때는 금속 재질의 솔을 사용하면 흠집이 생기므로 천과 같이 부드러운 소재를 쓴다. 지워지지 않는 강한 얼룩은 좀 더 표면이 거친 초록 수세미로 강도를 조절해 가며 문지른다. 세제는 주방세제나 울 샴푸, 샴푸 등 염료나 표백 성분이 없는 중성세제를 쓴다.

바닥난방을 하면 줄눈이 수축 팽창하여 유지관리에 문제가 생긴다. 주거 공간에 타일을 쓸 때는 탄성이 높은 줄눈제를 쓰도록 한다. 가장 좋은 방법은 계획할 때부터 크기가 큰 타일을 써서 줄눈의 면적을 최대한 줄이는 것이다.

금이 간 타일을 보수하려면 일단 타일을 들어내야 하는데, 접착제로 바탕면과 주변 타일에 고정되어 있어 타일을 깨야 한다. 그러나 타일을 깨다 보면 주변 타일의 모서리도 함께 깎여 나가기 때문에 몇 장을 들어낸 다음에 크기를 실측해서 다시 붙인다. 피에이치플러스 스튜디오 윤지헌 대표는 "타일은 제품이 단종될 수도 있고, 같은 제품이라도 구매 시기에 따라 미세하게 색이 다를 수 있으니 미리 여분의 제품을 챙겨두는 것이 좋다"고 조언한다. 타일의 유지와 보수 방법은 『GARM 05 타일』 p.111에서 더 자세하게 확인할 수 있다.

흠집 없는 표면 만들기
비닐 바닥재[Fvn]

비닐 바닥재는 오염이 잘 되지 않고 물이나 화학물질에 강해 유지관리가 쉬운 편이지만, 손상 없이 오랫동안 유지하기 위해서는 주기적으로 청소하고 관리해야 한다. 우선 빗자루, 천이나 진공청소기로 표면을 마모시킬 수 있는 이물질을 제거한다. 물이나 세정액으로 청소한 뒤에는 습기를 완전히 제거해야 하며 세정액은 약알칼리성 세정제를 사용한다. 일정한 주기마다 왁스로 코팅하면 오랫동안 좋은 품질을 유지할 수 있다. 보행량이 적은 주택의 경우 6개월에 1회, 보행량이 중간 정도인 전시장, 사무실에는 1개월에 2~3회, 보행량이 많은 백화점, 관공서에는 일주일에 2~3회가 적당하다. 왁스는 종류가 다양하므로 용도에 따라 바닥난방을 하는 곳에는 내열성이 우수한 제품, 물을 많이 쓰는 곳에는 내수성이 우수한 제품 등 적절한 종류를 골라 사용한다.

비닐 바닥재는 다른 바닥재에 비해 탄성이 높은 대신 충격에 약하고 흠집이 쉽게 생긴다. 테이블이나 옷장처럼 무거운 가구를 놓는 경우 아래에 바닥 보호재를 붙여주면 눌림 현상이 덜하다. 특히 가구, 소파, 가전제품의 다리 밑에 부착된 고무가 바닥에 닿아 자국이 나면, 고무에 함유된 산화 방지 성분 때문에 영구적으로 남게 되므로 자국은 발견하는 즉시 지우고, 직접 닿지 않도록 은박지나 종이를 사이에 깔아준다.

비닐 바닥재는 열과 습기에 강하지만 시공할 때 사용하는 접착제는 그렇지 않다. 온도가 지나치게 높으면 열에 의해 녹거나 접착력이 떨어질 수 있고, 수성 접착제는 바닥의 습도가 높으면 접착력이 떨어진다. 시공 전 습도 측정기를 사용하여 5% 이상이면 유성 접착제를 사용하거나 충분히 건조하여 5% 이하가 되었을 때 시공한다.

Interview
익숙하면서도 새로운 바닥재의 시도
녹수 오현정 디자이너

인터뷰 심영규

녹수NOX는 유럽, 미국과 캐나다, 일본 등 50여 개국에 바닥재를 수출하는 국내 업체다. 연매출 약 2000억 원 수준으로, 이중 85%가 해외 수출이다. 럭셔리비닐타일Luxury Vinyl Tile이라는 고품질의 비닐 바닥재는 국내의 소비자에게는 아직 생소하다. 2017년 6월 새롭게 단장한 녹수의 서울 디자인 센터에서 디자인1팀의 오현정 디자이너를 만나 익숙하면서도 새로운 바닥재, LVT에 대해 들어보았다.

갬씨(갬) 럭셔리비닐타일Fvn03은 소비자에게 생소한 제품이다. 바닥재의 종류가 아니라 상품명으로 읽히는데, 왜 LVT라는 단어를 쓰게 되었나?

오현정(오) 국내 업계에서는 비닐 바닥재Fvn에 대한 인식이 부정적이다. 바닥재 시장의 경쟁이 과열되면서 대기업은 앞다투어 가격을 낮추었다. 품질도 떨어질 수밖에 없었다. 인쇄를 보호하는 층인 상지의 두께는 계속 얇아졌다. 결과적으로 저렴하지만 품질도 별로라는 인식이 생겼다. 국내에서는 비닐 바닥재라는 이름으로 품질 좋은 제품을 팔수 없는 구조다. 이러한 시장의 한계를 극복하고자 새로이 만든 카테고리가 LVT다. LVT는 어떤 디자인이든 재현이 가능하고, 품질이 좋다. 또 시공이 쉽고, 친환경적이다. 해외에서는 이미 LVT를 별도의 카테고리로 분류했고, 생산하는 업체도 많다. 우리 또한 20년 전부터 해외에 수출해 왔고, OEM/ODM 방식으로 바닥재 업계의 선두를 달리는 제품을 생산해 왔다. 그러나 아직까지 건축가나 인테리어 회사에서 "어? 이거 P타일Fvn02이잖아"라는 선입견에 부딪힐 때가 많다.

녹수 오현정 디자이너

감 LVT의 장점은 뭔가?

오 바닥재는 디자인과 기능 어느 하나 포기할 수 없는데, LVT는 이들을 모두 만족시킨다. 유지 관리가 쉽고 내구성이 좋아 바닥재로서 필요한 기능을 충분히 갖추면서도 다양한 디자인이 가능하다. 목재, 석재 등 어떤 재료든 흡사하게 구현한다. 지난해 출시한 룸플러스는 카펫타일처럼 보이지만 재료는 천이 아니다. PVC 원사를 짜서 직물처럼 만들었다. 하지만 패브릭 소재의 카펫타일보다 유지관리가 훨씬 편하다. LVT의 장점을 잘 보여주는 예다.

목재의 모습을 다양한 색상과 무늬로 구현한 녹수의 LVT 제품

감 제품은 어떤 기준에 따라 어느 공간에 추천하나?

오 공간의 특성에 따라 추천한다. 접착제를 쓰지 않고 끼워 맞추는 클릭 시공 제품인 에코클릭은 친환경을 강조한 제품이다. 요양시설, 아이들 공간, 교육시설에 적합하다. 오키드 타일과 프라임 타일은 기능은 비슷하지만 콘셉트를 구분했다. 일반 상업 공간이나 고급 매장에는 전자가, 교육시설이나 주거 공간에는 후자가 적합하다. 상업 공간에는 에코레이 제품도 많이 추천한다. 긁힘에 강하고, 두께도 5mm로 두꺼워 통행이 잦고 물건을 자주 옮기는 중보행용 공간에 적합하다. 36×36in로 면적이 넓어 대규모 공간에 시원시원하게 표현할 때 많이 쓴다.

감 주택에 주로 추천하는 제품은?

오 순수하고 강한 마루라는 뜻의 순강마루, 솔리데 제품을 추천한다. 올해 국내 전시회에 선보이며 소비자들에게 주목을 받았는데, LVT지만 마루처럼 보인다. 기존의 비닐타일은 온돌에 의한 수축 팽창이 심각하다. 강화마루Fwo03는 물에 약해서 부풀어오른다. 솔리데는 기존의 비닐타일과 목재 바닥재Fwo가 지닌 단점을 보완했다. 물에 강하고 열에 의한 변형도 적어 온돌에 최적화된 제품이다. 에코클릭과 마찬가지로 접착제를 쓰지 않고 끼워 맞추는 클릭 방식으로 시공한다. 원하는 크기에 따라 규격 외에 레이저 커팅도 가능하다.

감 제품은 어떤 방식으로 유통하나?

오 오키드 타일과 프라임 타일, 두 개로 나뉜다. 우리는 전국에 70여 개의 직영 대리점을 두고 있다. 이들은 중간 유통자의 역할을 하며 소매점에 들어가는 제품을

Application of Flooring

서울 디자인 센터 지하 1층에서는 녹수 제품을 활용한 쇼룸을 볼 수 있다.

PVC 원사를 짜서 직물처럼 만든 프리미엄 우븐 바닥재, 룸플러스로 시공한 녹수의 쇼룸

관리한다. 룸플러스는 대리점이 아닌 인테리어 디자이너나 건축가를 대상으로 하는
특판 업체에서 취급한다.

갑 바닥재의 차이를 만드는 것은 디자인이다. 디자인 트렌드 리서치는 어떻게 하나?
오 다른 회사와 비슷한 과정을 거치지만 차이가 있다면 글로벌 회사와 함께 제품을
개발하면서 얻은 자료와 노하우다. 그곳에서 자체 디자인 개발을 위해 보내준 방대한
리서치와 의견은 우리의 신규 제품의 리소스가 되기도 한다. 다른 회사는 국내시장에서
트렌드를 조사하지만 우리는 국내시장 외에 해외시장도 함께 본다. 파악한 트렌드에
대해 외부의 검증 없이 제품에 적용하는 국내 업체와 달리 우리는 외부 업체와 의견을
조율하며 검증을 거친다는 것 또한 장점이다.

서울 디자인 센터는 층 안내 표시도 녹수의
바닥재인 룸플러스로 꾸며졌다.

갑 바닥재 디자인에서 가장 염두에 두어야 하는 부분은 어떤 것인가? 최근의 트렌드와
앞으로 개발하고 있는 제품은?
오 벽은 단순하게, 바닥은 화려하게 디자인하는 추세다. 하지만 전체적인 분위기와
어울리는 것이 가장 중요하다. 개성을 드러내면서도 단조롭지 않은 디자인을 늘
고민한다. 목재 바닥재는 다 비슷해 보이지만 수종에 따라 색과 질감이 다르다.
시공 패턴도 쉐브론, 헤링본 등 다양하다. 그러한 변화 속에서도 조화롭게 어울리는
디자인을 찾는 것이 중요하다.
목재 바닥재의 경우, 해외에서는 주로 짙은 색의 목재를 선호하나 국내에서는 LVT,
마루, 시트Fvn01 등 모든 바닥재에서 밝은 제품을 원한다. 규격 면에서는 최근 2~3년
동안 600×600mm가 인기다.
지금까지는 상업 공간 위주로 제품을 판매했으나, 올해부터는 주거용 제품의 개발과
생산을 늘리며 제품의 범주를 넓혀가고 있다. 예전에는 집의 실내 바닥이 전부
목재였다면, 요즘은 소재나 디자인에 점점 더 많은 변화를 준다. 최근에는 세라믹
재질의 LVT 제품을 개발 중이다. 세라믹은 쉽게 깨져서 아이들 있는 집에는 쓰기가
어렵다. 세라믹 소재의 느낌을 살려 디자인을 놓치지 않으면서 기존의 단점을 극복할
수 있다.

같은 규격, 다른 질감의 LVT 제품을 조합하여
색다른 분위기를 내기도 한다.

정리 정경화

Application of Flooring

인터뷰 심영규

Interview
콘크리트의 다음 가능성을 발견하다
미콘 조수민 디자이너

미콘은 콘크리트로 가구, 조형물, 마감재 등 다양한 분야에 각각의 브랜드를 만들고 제품 디자인, 생산, 시공까지 총괄하는 회사다. 그중 매출의 절반가량을 차지하는 바닥 마감재 브랜드인 미크리트는 미콘의 성장 기반을 쌓는 데 큰 역할을 했다. 지난겨울 미콘의 과천 쇼룸에서 조수민 디자이너를 만나 콘크리트 바닥재Fco의 가능성을 물었다.

감씨(감) 가구, 조형물, 바닥재, 패널 등 분야가 다양하다. 각각의 브랜드를 간단히
소개해 달라.

조수민(조) 가구 브랜드는 싱크대 상판, 수납장 등의 주방 가구인 알레콕과 욕조,
세면대 등의 욕실 가구인 오벨로, 테이블과 의자를 만드는 데코니쳐가 있다. 알레콕은
사람의 삶과 가장 밀접한 주방에 콘크리트가 사용되었다는 점에서, 오벨로는 늘 물에
노출되어 소재가 한정된 욕실에 새로운 재료를 제안한다는 점에서 의의가 있다. 공공
조형물을 만드는 브랜드, 톤그레이도 있다. 공공시설물은 시대와 역사가 담겨 오래
기억되어야 하는데 대부분 그 의미에 비해 수명이 짧다. 오래가는 콘크리트는 조형물의
재료로 그 의미를 잘 드러낸다. 그리고 패널인 콘크리트스킨, 벽과 바닥, 천장의
콘크리트 마감재인 미크리트가 있다.
제품은 시공 방식에 따라 크게 **캐스팅**casting과 **클레이**clay 두 가지로 나뉜다. 캐스팅은
기포가 적고 밀도 높은 매끈한 표면에 유동성과 강도가 뛰어나다. 클레이는 유동성이
적은 대신 콘크리트 특유의 기포와 거친 질감이 드러난다. 기능과 강도가 중요한
경우엔 캐스팅을 사용하고, 기능보다는 콘크리트 고유의 질감과 아름다움이 드러나야
하는 경우에는 클레이를 사용한다. 물이 늘 닿는 공간에 쓰는 오벨로나 잘 흘러서 평평한
표면을 만들어야 하는 미크리트 바닥재, 강도가 요구되는 톤그레이는 대부분 캐스팅이다.
알레콕은 사용 빈도가 많은 경우에는 캐스팅, 현대카드 쿠킹라이브러리나 청수리 아파트
펜션의 카페처럼 콘크리트 질감의 상징성을 보여줘야 할 때는 클레이를 쓴다.

미콘 조수민 디자이너

콘크리트 특유의 질감과 다양한 색상을 지닌
미크리트 샘플.

감 가장 주력으로 하는 분야는 무엇인가? 그중 마감재 브랜드 미크리트가 차지하는
비중은?

조 사업을 시작할 당시 콘크리트는 가구보다 바닥재와 같은 인테리어 자재로 주로
쓰였기 때문에 배합 기술이나 생산 방식도 이에 맞춰져 있었다. 콘크리트를 다루는
노하우와 기술 축적이 필요했기 때문에 마감재인 미크리트로 시작했다. 처음 3년
동안은 시공도 직접 했다. 시공은 변수가 많은 작업이다. 트렌드와 시공 방식도
계속해서 바뀌고, 기후와 시공 업체에 따라서도 결과가 달라진다. 바닥재는 바탕 면에
따라 시공 방법도 제각각이다. 여러 변수에 대응하며 수많은 시공을 통해 쌓은 기술을
바탕으로 2015년엔 패널과 가구로 분야를 확장했다. 작년까지는 미크리트가 절반
정도를 차지했으나 올해부터는 가구나 공공시설물의 비중이 더 높아졌다.

감 다른 콘크리트 바닥재와 비교했을 때 미크리트의 장점은?

조 콘크리트 바닥재의 고질적인 문제인 재료분리를 최소화하면서 골재가 만드는
패턴과 질감이 살아있다는 점이다. 에폭시나 우레탄 코팅제를 쓴 제품은 코팅이
두꺼워 콘크리트 고유의 질감을 느끼기 어렵다. 미크리트는 일단 콘크리트의 강도를
높였고, 입자가 곱고 강도가 기존 에폭시의 두 배 가까이 높은 세라믹 계열의 코팅제를
얇게 발라 콘크리트 고유의 질감이 그대로 드러난다. 또 다른 장점은 다양한 색이다.
기본적으로 약 80가지의 안료를 가지고 있으며 이들의 배합 비율에 따라 원색을
비롯하여 수많은 색상을 낼 수 있다.
마지막은 미콘의 장점이기도 한데, 디자인과 시공을 함께 하는 것이다. 직원의 절반은
엔지니어, 절반은 디자이너로 제품과 시공 어느 한쪽에 치우치지 않고 동시에 연구와
개발을 진행한다. 제품만 내놓는 것이 아니라 현장에서 함께 호흡하며 재료를 연출하는
기법과 품질에 대한 피드백을 다시 제품에 반영한다.

Application of Flooring

미크리트 제품으로 시공해 깨끗하고 매끈한 콘크리트의 느낌을 살린 공간

중도 과정에서 타설하는 미크리트 레벨링 제품

미크리트 시공 현장. 디자인과 시공을 함께 하는 것은 미콘의 장점이기도 하다.

갑 미크리트는 어떤 과정을 거쳐 시공하며 각 과정별로 제품 구성은?
조 페인트와 비슷한 과정으로 제품을 3~5mm의 두께로 여러 겹 덧칠하여 쌓는다고 보면 된다. 하도인 프라이머, 콘크리트를 타설하는 중도, 끝으로 도막을 형성하는 코팅인 상도의 3단계다. 프라이머 작업은 아크릴 계열의 액상으로 바탕면의 공극이 적으면 1~2회, 많으면 3~4회 정도 바른다. 이 작업을 통해 바탕면의 수분을 차단하고, 접착력을 높인다. 중도 과정에서 타설하는 미크리트 레벨링은 흰색과 색상이 있는 것 두 가지로 나뉜다. 색상이 있는 경우, 액상의 피그먼트를 섞어 색을 낸다. 코팅제는 유광과 저광의 두 가지 타입이 있다. 콘크리트 위에 두 번 칠하는데 첫 칠은 흡수되고 두 번째에 도막을 형성한다. 일반적인 콘크리트는 공극이 많아 이 코팅제를 쓰게 되면 흡수하는 양이 많으므로 추천하지 않는다.

정리 징경화

미크리트는 흰색을 기본으로 만들고 그 바탕에 액상 피그먼트를 섞어 다양한 색상을 연출한다.

Application of Flooring

4 Supplement

※ 도서 재판일(2025년 4월)을 기준으로 운영하지 않거나 표기된 정보의 변경이 있는 업체도 있으니 반드시 확인하도록 하자.

보고 만지고 느끼는 바닥재

주거 공간에서 익숙한 비닐 바닥재Fvn와 목재 바닥재Fwo, 최근 마감재로 재조명되며 인기인 콘크리트 바닥재Fco까지. 다양한 바닥재를 소비자에게 소개하는 쇼룸을 모았다. 매장의 여러 제품과 서비스를 비교해 보고 원하는 바닥재를 더 정확하고 빠르게 골라보자.

글 정경화·정신오

다양한 목재 바닥을 만나다
이건하우스

이건마루가 2017년 1월, 서교동에 본사 직영 전시장, 이건하우스를 오픈했다. 전시장에 설치된 제품은 원목Fwo01과 온돌Fwo02, 강마루Fwo04 그리고 상업시설에 적합하도록 제작된 상업마루로, 이건마루에서는 각각 카라cara, 제나gena, 세라sera, 마티matie라는 브랜드를 사용한다.

전시장은 노후주택 개보수 혹은 전원주택을 준비하는 건축주의 방문이 많다. 가정에 사용하는 바닥재는 주로 내구성이 좋으면서 천연 질감이 느껴지는 제품이다. 젊은 신혼부부에게는 저렴하면서도 천연무늬목을 사용해 수종의 고유한 패턴을 살린 온돌마루 제나를 추천한다. 온돌마루는 헤링본이나 프렌치 헤링본과 같은 패턴 연출이 가능한 제품도 있다. 영유아 혹은 초등학생 이하의 어린이가 있는 가정에는 상대적으로 저렴하면서 다칠 위험이 적은 강마루 세라가 좋다. 또 40~60대는 원목마루 카라 중 티크, 오크 수종과 같은 무난하고 클래식한 색상이 인기다.

이곳에서는 바닥재와 함께 창호와 시스템도어도 볼 수 있다. 전시장에 방문하면 종합적인 인테리어를 고려해 바닥재의 색상과 패턴을 추천해준다. 이외에도 이건마루 전시장을 방문하면 다양한 온오프라인 서비스를 받을 수 있다. 최근 새단장한 온라인 매장, 이건스토어에 들어가면 '내집견적'이라는 페이지에서 집의 규모와 실을 선택해 개략적인 견적을 구할 수 있다. 또 이건마루의 제품을 사용한 시공 사례를 분기별로 잡지 형식으로 출간하니 인테리어에 참고하면 좋다. 그 밖에도 다양한 건축 관련 전시와 행사를 통해 홍보를 진행한다. 신유통팀의 김혜성 사원은 "앞으로 소셜미디어와 블로그를 비롯한 다양한 채널로 소비자와의 소통을 활발하게 진행할 예정"이라고 말했다. 쇼룸은 화요일부터 금요일 10시부터 19시까지 운영한다.

주소	서울시 마포구 동교로 161 이건하우스
운영시간	화요일-금요일 오전 10시~오후 7시
전화번호	1522-1271
홈페이지	eagoninterior.com

발 빠르게 대응하다
구정마루

최근 인테리어는 단조로운 가구와 가전제품 대신 바닥, 벽과 같이 넓은 면적에 개성을 살리는 추세로 변하고 있다. 20년간 마루를 전문으로 생산한 구정마루는 이러한 동향에 발 빠르게 대응해 2011년 국내 최초로 헤링본 마루를 선보였다. 이후 해당 제품만 연간 4만 9,500㎡ 이상 생산했다. 현재는 헤링본 외에 또 다른 다양한 패턴의 제품도 찾아볼 수 있다.

구정마루는 2017년에 기존의 쇼룸을 새단장해 본사 3층에 전시장을 열었다. 2015년에 한시적으로 열었던 것과 비교하면 6배 이상으로 규모가 커졌다. 매출량이 높은 제품만 선별해 전시하는 여타 쇼룸과는 다르게 바닥재와 슬라이딩도어, 액자 등 170여 종의 모든 제품을 확인할 수 있다. 이주경 팀장은 "한번 시공하면 교체하기 어려운 마루를 소비자가 좀 더 신중하게 고를 수 있도록 하는 배려"라고 말한다. 외진 곳에 있음에도 평일은 2~3팀, 토요일은 5~6팀이 꾸준히 방문하고 방문객의 90% 이상이 가정에 사용할 제품을 찾는다. 최근에는 따뜻하고 고급스러운 분위기를 연출하기 위해 상업 공간에 마루를 시공하는 경우도 간간이 볼 수 있다. 방문객은 평균 1~2시간 동안 머물며 넓은 면적에 배치했을 때의 느낌을 눈으로 보고 손으로 만지며 꼼꼼히 확인한다.

주소	경기도 광주시 도척면 마도로 178-13
운영시간	평일 오전 9시-오후 5시, 토요일 오전 10시-오후 3시
전화번호	031-766-0700
홈페이지	www.kujungmaru.co.kr

구정마루의 제품은 크게 원목마루와 합판마루, 강마루가 있다. 구정강마루는 표면이 강해 흠집이 적으면서 가격도 저렴하다. 그 중에서도 스웨디쉬나 모로칸화이트와 같이 흰색 계열이 인기인데, 담당자는 그 이유를 "북유럽 감각을 좇아 하얗고 단순한 콘셉트를 인테리어에 녹이려는 움직임에서 비롯된 것으로 본다"고 말한다. 구정강마루는 800×94×7.7mm지만, 프라하 강마루는 387×94×7.7mm로 좀 더 짧게 제작해 헤링본 시공이 가능하도록 하였다.

원목마루는 바닥재의 트렌드를 선도하는 구정마루의 개성을 엿볼 수 있는 제품이다. 그중 믹스매치는 원목마루에 색을 입히고 일반 제품을 섞어 배치한 것으로, 상업 시설이나 광고 세트장에서 자주 보인다. 원하는 색상을 선택하면 직접 마루에 색을 칠하고 소비자와 의견을 조율한다. 원목 제품이 1㎡당 25개의 조각이 소요된다면 믹스매치는 그중 5~6개 정도로 배치한다. 한 가지 이상의 색도 선택 가능하며 주문 후 일주일 안에 받을 수 있다. 가격은 10만 원대로 다소 비싸지만 맞춤제작이 가능해 공간에 개성을 주기 좋다. 그 외에도 바닥과 벽에 모두 적용할 수 있는 월앤플로어나, 쉐브론과 헥사곤 패턴의 마루가 있다.

전시장을 방문하면 아직 출시되지 않은 바닥재를 볼 수 있고, SNS를 통해 제품을 사용한 사례도 참고할 수 있다. 또 A/S팀을 별도로 운영해 제품의 품질을 관리하며, 강마루는 제품에 이상이 있는 경우 낱장갈이도 가능하다. 단, 전시장에서는 제품을 구매하거나 견적을 받을 수는 없다. 쇼룸은 평일 9시부터 17시, 토요일은 10시부터 15시까지 운영한다.

추천 합판마루

구정브러쉬골드

구정브러쉬골드는 다섯 겹의 합판에 천연무늬목을 댄 합판마루다. UV코팅으로 마감했지만 표면에 입체감을 주는 브러싱 공법으로 살짝 홈을 파, 나무의 질감을 살렸다.

구정브러쉬골드는 표면의 감촉이 부드럽고 목재의 패턴이 자연스럽다. 제품은 천연무늬목의 종류에 따라 구정브러쉬골드 티크스카치, 구정브러쉬골드 애쉬스모키, 구정브러쉬골드 티크러스틱이 있다.

전 제품은 일반적인 일자시공, 헤링본시공, 한옥 마루를 닮은 레트로시공이 모두 가능해 다채로운 공간을 만들 수 있다. 가격은 시공비를 포함해 1㎡의 단위면적당 4~6만 원대다.

추천 강마루

구정강마루

구정강마루군은 다섯 겹의 합판에 고압으로 멜라민수지를 합침한 것으로, 가격이 저렴하면서 표면 강도가 높아 인기인 제품이다. 대중적인 색상으로 어느 공간에나 잘 어울리며, 패턴이 다양해 선택의 폭이 넓다.

시공도 다양하게 시도할 수 있다. 이주경 팀장은 "품질이 우수해 시공 시 하자가 적고 흠집이 잘 생기지 않아 아이가 있는 가정에 사용하면 좋다"고 말한다. 전 제품 헤링본시공이 가능하며 가격은 시공비를 포함해 1㎡당 3~4만 원대다.

구정브러쉬골드 애쉬스모키 제품으로 마감한 거실과 바닥재 패턴.

구정강마루 스웨디쉬 화이트 제품으로 밝은 분위기를 낸 공간과 바닥재 패턴.

시공까지 한번에 해결하다
LG하우시스 지인스퀘어

LG하우시스는 마루, 시트 Fvn01 바닥재 외에도 벽지, 창호, 시스템도어 등을 생산하는 대표적인 건축, 인테리어 자재 회사다. 본사가 직영으로 운영하는 전국 19곳의 지인 전시장을 비롯해 자연을 주제로 하여 공간을 꾸민 LG하우시스 프리미엄 갤러리도 있다. 지인스퀘어는 2017년 8월 친환경 주거 공간 쇼룸과 셀프 코디 공간을 강조해 리뉴얼한 대표 전시장이다. 연면적 1,690㎡, 3층 규모의 넓은 공간으로 제품의 종류가 많고 학동역과 논현역 사이에 있어 방문이 편하다.

1층은 거실, 주방, 침실, 아이방으로 구성됐다. 이곳은 연말이면 다음 해의 트렌드에 맞게 꾸며져 유행할 디자인을 미리 엿볼 수 있다. 2층은 자재 라이브러리다. 국내에 판매되는 LG하우시스 내외장재 대부분이 전시되어 가격대, 성능, 제품을 한눈에 비교할 수 있다. 방문객은 월 평균 2,000명 정도로 일반 소비자들의 방문이 가장 많다.

LG하우시스의 제품은 마루와 비닐 바닥재인 시트로 구분한다. 대표 제품인 '지아 시리즈'는 친환경 면에서 주목할 만하다. 홍보 담당자 이이슬 대리는 "옥수수를 원료로 한 식물성 수지인 PLA를 표면층에 적용하여 환경호르몬과 유해물질을 최소화했다"고 설명했다.

이곳의 가장 큰 특징은 자재와 디자인 상담, 시공 업체 연결까지 가능해 인테리어를 한번에 해결할 수 있다는 점이다. 전담 코디네이터가 배정돼 공사 유형, 규모, 디자인 취향에 따라 제품 상담을 진행하며 인근의 우수 소매점을 소개해준다. 3~7일 후에 시공사가 현장에 방문해 실측하고 견적과 제안서를 전달한다. 본사에서 A/S 서비스도 지원한다. 쇼룸은 화요일부터 일요일 10시 30분부터 19시 30분까지 운영한다.

주소	서울시 강남구 학동로 134
운영시간	화요일-일요일 오전 10시 30분~오후 7시 30분
전화번호	02-6910-9200
홈페이지	www.lghausys.co.kr

추천 비닐 바닥재(시트)

지아소리잠

친환경과 우수한 내구성이 특징이다. 담당자는 "강화마루에 비해 열전도율이 70% 더 높아 평균 겨울철 난방비가 30% 정도 절감된다"고 설명한다. 특히 2017년에 출시한 신제품은 스포츠 바닥재에 사용하는 기술을 적용해 충격 흡수성을 보완하고, 미끄럼방지 기능을 강화했다. 총 18종의 디자인으로 출시됐으며, 두께에 따라 4.5mm와 6mm 두 가지가 있다.

지아자연애

'지아 시리즈'의 보급형 라인으로, 기능은 유지하면서 가격은 낮춘 친환경 제품이다. 특수 표면 처리 기술로 만들어 찍힘과 긁힘, 변색에 강하며, 안티슬립 기능을 적용해 미끄러움을 줄였다. 대리석Fst01, 목재 등의 다양한 패턴과 밝은 톤을 특징으로 한다. 25종의 패턴과 색상이 있고 가격은 1㎡당 13,000~16,000원이다.

지아소리잠 패치 워크 제품으로 마감한 공간과 바닥재 패턴

지아자연애 쏘우 마크 우드 제품으로 빗살무늬의 거친 질감을 살린 공간과 바닥재 패턴

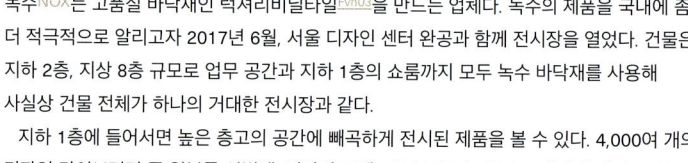

PVC바닥재의 한계를 넘다
녹수

녹수NOX는 고품질 바닥재인 럭셔리비닐타일Fvn03을 만드는 업체다. 녹수의 제품을 국내에 좀 더 적극적으로 알리고자 2017년 6월, 서울 디자인 센터 완공과 함께 전시장을 열었다. 건물은 지하 2층, 지상 8층 규모로 업무 공간과 지하 1층의 쇼룸까지 모두 녹수 바닥재를 사용해 사실상 건물 전체가 하나의 거대한 전시장과 같다.

지하 1층에 들어서면 높은 층고의 공간에 빼곡하게 전시된 제품을 볼 수 있다. 4,000여 개의 디자인 라이브러리 중 일부를 선별해, 디자인 트렌드를 보여주는 곳과 국내에 출시되는 제품을 안내하는 곳으로 구분했다. 국내 출시 제품은 상업 공간에 많이 사용하는 오키드 타일, 주거 공간에 추천하는 프라임 타일, PVC 원사를 직조하여 만든 룸플러스를 중심으로 브랜드마다 별도의 공간으로 구성돼 제품마다 다양한 디자인과 색상을 한눈에 비교할 수 있다. 한 켠에는 녹수의 제품으로 꾸민 서재와 주방도 마련되어 있어 바닥재가 시공된 공간의 분위기를 느낄 수 있다.

녹수에서 최근 주력하는 제품은 룸플러스다. 룸플러스는 패브릭 소재의 질감과 분위기를 내면서도 유지 관리가 쉽다. 주로 500×500㎜ 규격이 사용되며, 올풀림 방지 기술을 사용해 재단해도 잘린 면이 깔끔한 것이 장점이다.

아쉬운 점은 일반 소비자의 방문은 받지 않고 주로 해외 바이어나 설계사무소, 인테리어 회사에 제품을 안내하는 공간으로 이용된다. 그동안 해외시장에 많은 힘을 기울여 왔다면 최근에는 경향 하우징 페어를 비롯한 국내 전시회에 참여하며 소통을 늘려가고 있다.

주소	서울시 서초구 효령로 355
운영시간	전화문의
전화번호	02-520-7600
홈페이지	www.noxprime.com

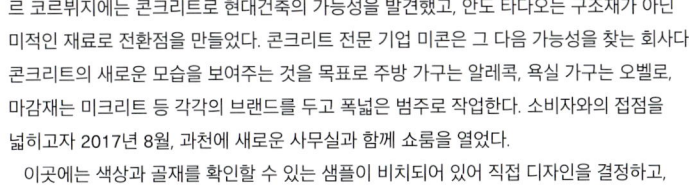

콘크리트의 다음 가능성을 찾다
미콘

르 코르뷔지에는 콘크리트로 현대건축의 가능성을 발견했고, 안도 타다오는 구조재가 아닌 미적인 재료로 전환점을 만들었다. 콘크리트 전문 기업 미콘은 그 다음 가능성을 찾는 회사다. 콘크리트의 새로운 모습을 보여주는 것을 목표로 주방 가구는 알레콕, 욕실 가구는 오벨로, 마감재는 미크리트 등 각각의 브랜드를 두고 폭넓은 범주로 작업한다. 소비자와의 접점을 넓히고자 2017년 8월, 과천에 새로운 사무실과 함께 쇼룸을 열었다.

이곳에는 색상과 골재를 확인할 수 있는 샘플이 비치되어 있어 직접 디자인을 결정하고, 그에 맞는 재료와 방식을 협의할 수 있다. 방문객은 한 달에 50~60명 정도로, 일반인보다는 설계사무소나 디자인 회사 직원이 많은 편이다. 마감재를 찾는 손님과 가구를 구매하러 오는 손님이 반반 정도다.

쇼룸에 전시된 제품은 주로 알레콕, 오벨로 브랜드로, 그중에서도 주방이나 카페에 사용하는 상판이 인기다. 대부분 기성품이 아닌 주문 제작으로 만들어지다 보니 방문 전에 원하는 크기를 미리 가늠해보고 그림이나 도면을 그려가면 좋다. 상판의 경우 두께는 일반적으로 30mm를 기준으로 하며, 금액은 1㎡의 면적당 60만 원 정도다. 마감재는 벽이나 바닥에는 한 가지 제품으로 시공되어 있고 다른 색상은 샘플로 살펴볼 수 있다. 공간에 적용된 모습이 궁금하다면 쇼룸보다는 미콘의 제품으로 시공이 잘 된 상업 공간을 몇 군데 둘러보기를 추천한다. 바닥재 제작 비용은 자재비와 시공비를 포함하여 면적 1㎡당 약 4만 원대다.

지금은 서울에서 다소 떨어진 과천에 자리 잡고 있지만 앞으로 서울 근처로 위치를 옮기고 규모를 키워 소비자와 만날 기회를 더욱 늘릴 계획이다. 쇼룸은 평일 10시부터 17시 30분까지 운영한다. 단, 월요일에는 오후 시간에만 문을 연다.

주소	경기도 과천시 갈현동 395
운영시간	월요일 오후 1시-오후 5시 30분, 화요일~금요일 오전 10시-오후 5시 30분
전화번호	031-831-3620
홈페이지	www.miicon.com

다양한 소재의 바닥재 업체 정보

바닥에는 다양한 재료가 사용되고 각 소재마다 특성이 다르다. 업체 역시 소재에 따라 시공하는 곳과 가공하는 곳, 도매가 가능한 곳과 대리점에서만 구매할 수 있는 곳까지 천차만별이다. 부록에서는 바닥재의 소재마다 업체를 선정하고 그곳의 대표 제품과 서비스를 소개한다. 각각의 특징과 제공되는 서비스를 파악해 좀 더 쉽고 빠르게 바닥재를 선택해 보자.

업체를 소재별로 분류하여 각각의 특성에 따라 A/S를 받을 수 있는지, 가공은 가능한지 등의 정보를 한데 모았다. 또, 제품을 직접 볼 수 있는 전시장의 유무나 주문방법도 업체명 오른편의 간략한 인덱스를 통해 확인할 수 있으니 참고하자.

Index 전시장 온라인 판매 소매 오프라인 판매 도매 전화주문

목재 바닥재

❶ 구정마루
kujungmaru.co.kr

제품	원목마루, 합판마루, 강마루
인기제품	원목마루—구정 원목마루, 합판마루—구정브러쉬
A/S	제품 하자 1년
주소	경기도 광주시 도척면 마도로 178-13
쇼룸	경기도 광주시 도척면 마도로 178-13 3층
연락처	031-766-0700
추천 대리점	조은건재철물(02-478-2372) 경기도 하남시 감초로 52번길 16

❷ 동화자연마루
www.greendongwha.com

제품	원목마루, 강화마루, 강마루
대표제품	나투스 진마루, 나투스 진헤링본
A/S	제품 하자 10년
제공 서비스	자체 시공팀 보유, 개략적인 견적 가능
주소	서울시 영등포구 여의나루 53-2
연락처	02-1899-2837
구매	대리점

❸ 리우디자인
www.lieu.kr

제품	합판마루, 강마루
A/S	불가능
주소	서울시 강남구 언주로 727 트리스빌딩 8층
연락처	02-6255-0205
구매	대리점

❹ LG 하우시스
www.lghausys.co.kr

제품	원목마루, 합판마루, 강화마루, 강마루, 시트, 비닐타일
A/S	제품 하자 1년
주소	서울시 영등포구 국제금융로 10 ONE IFC 빌딩 15-19F LG하우시스
쇼룸	서울시 강남구 학동로 134
연락처	1544-1893
추천 대리점	유창상재(02-418-1795) 서울시 송파구 백제고분로 177 유창빌딩

❺ 이건산업
www.eagon.com

제품	원목마루, 합판마루, 강마루
인기제품	합판마루—Gena Texture, 강마루—Sera Flex
A/S	제품 하자 1년
제공 서비스	자체 시공팀 보유, 개략적인 견적 가능
주소	인천광역시 남구 염전로 91
쇼룸	서울시 마포구 동교로 161 이건하우스
연락처	1522-1271

❻ KCC 홈씨씨인테리어
homecc.co.kr

제품	강화마루, 강마루, 시트, 타일
A/S	제품 하자 평균 1년
제공 서비스	시공업체 추천, 시공상담, 방문 견적
주소	서울시 서초구 사평대로 344
쇼룸	서울시 서초구 사평대로 344
연락처	080-022-8200
구매	인천, 울산 홈씨씨 매장
	(인천광역시 서구 중봉대로 393번길 26 2동
	울산광역시 북구 진장유통로 28-17)

❼ 페르고코리아
www.pergo.kr

제품	원목마루, 강마루, 비닐 바닥재
대표제품	강화마루—도메스틱 엑스트라, 리빙익스프레션, 모던플랭크
A/S	제품 하자 10~15년
제공 서비스	자체 시공팀 보유, 개략적인 견적 가능
주소	서울시 강남구 논현로 16길 11 유덕빌딩
연락처	02-3018-7000

❽ ㈜풍산마루
www.leflo.co.kr

제품	원목마루, 합판마루, 강마루
인기제품	강마루—Monet
A/S	제품 하자 1년
주소	경기도 평택시 청북읍 청북중앙로 274
연락처	02-487-3688
추천 대리점	동신상재(02-471-2004) 경기도 하남시 감초로 184번길 53-49

❾ 한솔홈데코
product.hansolhomedeco.com

제품	합판마루, 강화마루, 강마루
인기제품	합판마루—SB마루
A/S	제품 하자 3년
주소	서울시 동작구 보라매로 5길 15 27층
연락처	080-777-2299
추천 대리점	미앤하우징(031-529-7797) 경기도 남양주시 진건읍 금강로 426

❿ 한화 L&C
www.hlcc.co.kr

제품	목재 바닥재
인기제품	강마루—센트라프라임
특징	가격은 평기준
A/S	제품 하자 1년
주소	서울시 중구 을지로 5길 26 센터원빌딩 7-8층
쇼룸	서울시 강남구 논현로 714
연락처	080-729-8272
구매	대리점

Supplement

석재 바닥재

❶ 대륙석재　　　www.drstone.biz
제품	국내석
대표제품	포천석, 황등석
시공 및 가공	자체 시공팀 보유, 가공 가능
제공 서비스	연마가공을 거친 제품 위주 판매, 개략적인 견적 가능
주소	전라북도 김제시 백구면 학동 2길 63
연락처	063-543-4861
구매	시공업체 또는 건축사사무소를 통해 견적 후 구매

❷ 이엠석재　　　emstone.modoo.at
제품	대리석, 화강석
대표제품	크리마 마필
시공 및 가공	자체 시공팀 보유, 가공 가능
제공 서비스	개략적인 견적 산출 가능
주소	서울시 금천구 독산로 70길 23-3
연락처	02-803-3807

❸ 토탈석재　　　totalmarble.com
제품	젬스톤, 화강석, 화산암, 라임스톤, 오닉스, 트래버틴 등
시공 및 가공	시공 불가능, 가공 가능
제공 서비스	품질 관련 A/S 가능, 도면 견적 산출
주소	경기도 광주시 곤지암읍 신만로 409번길
쇼룸	경기도 성남시 대왕판교로 177
연락처	031-766-5800

타일 바닥재

❶ 대보세라믹스　　　www.biotile.co.kr
제품	세라믹 타일
주소	충청북도 괴산군 괴산읍 읍내로 165
연락처	02-472-6350
구매	대리점

❷ 유로세라믹　　　www.eurotile.co.kr
제품	세라믹 타일, 카펫타일
특징	중국, 스페인, 이태리 타일 수입 판매
제공 서비스	시공업체 추천 가능
주소	서울시 강남구 논현로 127길 14 유로타워
쇼룸	서울시 강남구 논현로 127길 14 유로타워
연락처	02-543-6031

❸ 케이티 세라믹　　　www.ktceramic.co.kr
제품	세라믹 타일
특징	대량주문 시 건설사 통해 납품, 대리점 거래
주소	(본사) 충청남도 예산군 신암면 추사로 301
	(서울사무소) 서울시 영등포구 선유동 1로 22 10층
연락처	02-2612-1750
추천 대리점	금산타일(02-422-0759) 서울시 강남구 학동로 24길 10 세왕빌딩

❹ 키엔호　　　kienho.com
제품	엔커스틱타일, 시멘트타일
대표제품	엔커스틱타일
특징	대량주문 시 패턴 주문제작 가능
제공 서비스	표면코팅제 판매
주소	서울시 강남구 강남대로 102길 47
쇼룸	서울시 강남구 강남대로 102길 47
연락처	02-717-6750

비닐 바닥재

❶ 한화 L&C　　　www.hlcc.co.kr
제품	비닐 바닥재
대표제품	비닐타일—골드타일 클래식
특징	비닐타일—비난방용, 시트—난방용
주소	서울시 중구 을지로 5길 26 센터원빌딩 7-8층
쇼룸	서울시 강남구 논현로 714
연락처	080-729-8272
구매	대리점

❷ 녹수　　　www.noxglobal.com
제품	럭셔리비닐타일
대표제품	럭셔리비닐타일—오키드타일, 프라임타일
주소	서울시 서초구 효령로 355
연락처	프라임타일: 02-520-7624, 오키드타일: 02-3472-4974
추천 대리점	프라임타일: 미래하우징(02-409-3333) 경기도 하남시 서하남로 9
	오키드타일: 미래티데코(02-478-8522) 경기도 하남시 서하남로 43

❸ ㈜재영　　　www.jflor.co.kr
제품	비닐 바닥재, 럭셔리비닐타일
대표제품	주거용—네츄럴
주소	경기도 파주시 조리읍 장곡리 603-31
연락처	031-948-6600~3
구매	대리점

❹ 포보코리아　　　www.forbo.com
제품	비닐타일
대표제품	시트—살론 어쿠스틱, 럭셔리비닐타일—알루라
주소	서울시 강남구 영동대로 75길 9 수암빌딩 1층
연락처	02-3443-0644

❺ 진양화학　　　www.chinyang.co.kr
제품	비닐 바닥재
대표제품	주거용—이웃사랑
주소	(본사) 울산광역시 남구 장생포로 93
	(서울사무소) 서울시 서대문구 경기대로 47
	(부산사무소) 부산광역시 진구 시민공원로 8
연락처	02-3147-0012
구매	진양상재(02-2235-2067) 서울시 중구 동호로 11나길 52

콘크리트 바닥재

❶ 광성실업㈜ 📞 🏠
www.kspolishing.com

제품	콘크리트 마감재, 특수콘크리트
대표제품	아트콘—플렉시블 콘크리트, 쉴드 콘크리트
시공	자체 시공팀 보유
주소	세종시 소정면 맹골1길 62
연락처	044-863-2821
구매	물량 확인 후 구매가능

❷ 노블콘 📞 🏠
www.noblecon.co.kr

제품	전처리제, 코팅제, 마감제
대표제품	노블콘 분말—그레이
시공	자체 시공팀 보유
제공 서비스	A/S 가능
주소	서울시 마포구 동교로 22길 19 삼정빌딩 2층
연락처	02-373-5772

❸ 미콘 📞 🏠
miicon.com

제품	전처리제, 본타설제, 후처리제 (상업시설 추천)
대표제품	미크리트 레벨링 화이트—고강도 셀프레벨링 모르타르
시공	자체 시공팀 보유, 최소 15평 이상부터 시공 가능
제공 서비스	A/S 가능, 부자재 판매
주소	경기도 화성시 팔탄면 시청로 752-16
연락처	031-353-8304
구매	miicreteshop.com

❹ 미플로어 📞
blog.naver.com/nobleconfloor

특징	콘크리트 시공 전문
제공 서비스	셀프레벨링, 무용제라이닝, 세라믹코팅
주소	서울시 강남구 양재대로 478
연락처	02-579-8182, 010-2002-1482

❺ 콘플로아 에이앤디 📞 🏠
www.confloor.co.kr

제품	콘플로아, 콘플로아 글레이징
대표제품	콘플로아, 콘플로아 글레이징
시공	시공 불가능
주소	서울시 강서구 개화6길 13-9
연락처	02-539-1591

❻ 한국웨버 📞 🏠
www.hankukweber.com

제품	자동수평 칼라모르타르
대표제품	웨버플로어
시공	자체 시공팀 보유
제공 서비스	A/S 가능, 방문견적, 도면 견적 산출
주소	서울시 서초구 명달로 109
연락처	070-8716-8761

기타 바닥재

❶ 유승상사 📞 🏠
www.유승상사.kr

제품	카펫타일, 고무타일
대표제품	카펫—스완롤 포커스, 스완롤 프리제, 카펫타일—스완타일
제공 서비스	자체 시공팀 보유, A/S 6개월 ~ 1년
주소	경기도 파주시 산남로 157번길 60
연락처	031-914-3830~1, 070-4149-3830

❷ 유앤어스 📞 🏠
www.youandus.co.kr

제품	카펫, 카펫타일
대표제품	카펫타일—인터페이스, 모듈리스
특징	인터페이스는 본드를 사용하지 않고 접착해 주거용으로도 사용 가능
제공 서비스	자체 시공팀 보유, 제품 하자 6개월 ~ 2년
주소	서울시 강남구 논현로 750
연락처	02-547-8009

Supplement

참고자료

단행본
— 대한건축학회, 대우건설. 『건축기술지침 Rev. 2: 건축2』. 공간예술사, 2017.
— Allen, Edward·Iano, Joseph. 『건축시공 및 재료학』. 이한승(역). 시공문화사, 2010.
— 조준현, 조민석. 『건축재료학』. 기문당, 2017.
— Elizabeth Wilhide. Flooring. Ryland Peters & Small, 2005.

논문
— 김하석 외 3명. "국내 바닥구조에 따른 바닥충격음 특성". 『한국콘크리트학회 학술대회 논문집』, 2014, pp. 409-410.
— 신윤호, 최수경. "건축물 바닥재의 마모에 따른 미끄럼성능의 변동 특성". 『대한건축학회 학술발표대회 논문집』, 2004, pp. 435-438.
— 최수경. "바닥재료 설계시의 고려사항". 『대한건축학회 논문집』, 2007, 51(2), pp. 60-64.

연속간행물(학술지, 잡지, 신문)
— 이병화, "국내 바닥재 시장의 흐름과 변화", 『월간 더리빙』, 2009, 143.
— "다시 쓰는 바닥재 이야기 콘크리트 바닥의 보수와 도장", 『월간 더리빙』, 2016, 230.
— "시공스케치", 『이하우징』, 2010, 123.

웹사이트
아키데이타 www.archidata.co.kr